Daniel **CLAUDINO**

A **NATUREZA**
DO MERCADO
IMOBILIÁRIO

Copyright© 2023 by Literare Books International.
Todos os direitos desta edição são reservados à Literare Books International.

Presidente:
Mauricio Sita

Vice-presidente:
Alessandra Ksenhuck

Chief Product Officer:
Julyana Rosa

Diretora de projetos:
Gleide Santos

Chief Sales Officer:
Claudia Pires

Assistente de projetos:
Daiane Almeida

Coordenação geral:
Daniele Rodrigues

Redatores:
Carolina Mainardes, Carolina Souza, Daniele Rodrigues,
Thais Pereira e Willian Nunes

Capa e projeto gráfico:
Giuliano Ferraz

Diagramação:
Gabriel Uchima

Revisão:
Rodrigo Rainho

Impressão:
Gráfica Impress

Dados Internacionais de Catalogação na Publicação (CIP)
(eDOC BRASIL, Belo Horizonte/MG)

C615n   Claudino, Daniel.
      A natureza do mercado imobiliário / Daniel Claudino. – São Paulo, SP: Literare Books International, 2023.
      16 x 23 cm

      ISBN 978-65-5922-544-6

      1. Mercado imobiliário – Brasil. 2. Imóveis – Compra e venda. I. Título.

                                    CDD 333.33

Elaborado por Maurício Amormino Júnior – CRB6/2422

Literare Books International Ltda.
Alameda dos Guatás, 102 – Saúde– São Paulo, SP.
CEP 04053-040
Fone: (0**11) 2659-0968
site: www.literarebooks.com.br
e-mail: contato@literarebooks.com.br

Daniel **CLAUDINO**

A **NATUREZA** DO **MERCADO** IMOBILIÁRIO

DEDICATÓRIA

———————

Dedico este livro a Clarice Guerra,
minha grande companheira de vida,
que é a mola mestra deste projeto;

A Giordano Garcia Leão,
meu mentor e pai profissional no mercado imobiliário,
que me trouxe sabedoria e conhecimento no início
dessa caminhada;

A Loren Mendonça Takaki,
que me trouxe oxigênio e audácia para continuar;

Por fim, a Dani Rodrigues,
que se tornou, para o livro, mais importante que o autor.

AGRADECIMENTOS

Nossa memória é ingrata; a minha, então, me trai. Certamente lembrarei de vários outros nomes importantes para essa realização após a publicação do livro e vou ter que lhes agradecer por mensagem ou pessoalmente.

Começo agradecendo à rainha dos *insights*, que trouxe ideias e pessoas essenciais para este projeto, tais como a redatora-chefe (sua irmã) e o *designer* deste livro, Giu (maravilhoso): obrigado, Raiany Rodrigues. Nesse caminho, vieram outras redatoras especiais, cujas personalidades também foram emprestadas – e não devolvidas – a este livro, às quais agradeço: Carol Souza e Carol Mainardes (merci). Agradeço também aos outros redatores que tiveram sua passagem pelo projeto nesses dois anos de pesquisa: Antonio Soldera, Will Nunes, Thais Pereira.

Agradeço também ao meu amigo-irmão Frederico Cunha Soares, que um dia me perguntou: "por que você não escreve um livro?". Significou muito, pois já tinha iniciado a escrita, mas estava em dúvida se continuava. Ao meu parceiro Diego Henrique Gama, que trouxe conhecimento e entusiasmo ao livro. Minha eterna marmota e parceira, Fernanda Collares.

A outros tantos que acreditaram no projeto em conversas interessadas, como Pablo Fabian, Paulo Fernandes e Leonardo Schneider. Ao meu mais antigo amigo, que esteve ao meu lado sempre que precisei nos últimos 30 anos, Bruno Santiago Melo Amaral, genial como profissional, fantástico como pessoa. Agradeço a Luciano e Jorge, amigos de Aracaju, onde boa parte do livro foi escrita. A Armando Nogueira e Sérgio, de onde parte das ideias aqui retratadas vieram.

Agradeço aos meus companheiros de mercado: Raul Fulgêncio, nossa referência; Carlos Henrique, de Palmas; a cheia de luz Caroline Abreu; Celisa Amaral Frias; querido Daniel Fuhro Souto; Henrique Fuhro Souto; José Roberto, Moira e Roseli (Lello); Eduardo Barbosa, de Floripa; Eduardo Curi; Emanuelly da Jean Karlo; Felipe Lepesqueur Lamas; Paulino Teixeira de Carvalho; queridos Guido, Lídia e a maravilhosa D. Rosa. Agradeço a Gonzalo Fernandes Mera; ao super Nilson Ferreira da Guaíra; Ingo Volcker (que estará no segundo livro dessa série); Italinho e Mateus, da Cardinali; ao lord Marcelo Brognoli; aos grandes empreendedores Michel e Daniel, da Apolar; aos meus parceiros Pedro Fernandes, da Beiramar, e Tiago, da Foco, de Sorriso; à cativante Vera Mattiazzo; ao gigante Vinícius Costa, de Uberlândia; ao inteligentíssimo Vicente Penter; à família Breda Rezende, da Coemi, de Brasília, que me abrigou e ensinou, representados aqui por Giuliana, Marco Antônio e Gustavo. Agradeço aos meus professores Robinho, da Buriti, e Ovídio

Maia, ambos de Brasília, simplesmente por empreenderem e serem exemplos para este mercado.

Agradeço também às pessoas que nos concederam entrevistas e conversas durante a escrita deste livro, que não incluirei nominalmente nesta seção, mas foram citadas de forma direta ao longo do texto, com suas imprescindíveis contribuições.

E finalizo agradecendo a todos aqueles que cotidianamente fazem este mercado, que tem o fator humano como a parte mais fundamental da sua natureza.

AO MEU REDOR

Muitas pessoas que encontramos no caminho ao longo da vida nos transformam. Mais recentemente, algumas que estavam ao meu redor modificaram o autor, influenciaram a mão que escrevia o texto – e, portanto, o livro.

Ainda converso e sou estimulado por Maria Custódia, minha mãe, que já está em outro plano. Não só ela, mas também Erenice Guerra. Elas são, na ordem, uma estrela guia e um farol. Como não registrar a presença de ambas no livro?

E assim, ao meu redor, pessoas foram surgindo, influenciando o autor: minha orientadora em CNV e amiga Denise Vieira; a minha pretérita, presente e futura parceira Jaque Trinta; meu *bro* Fernando Suzana, que fez Toronto ter mais cara de lar para mim.

Ao meu redor também estiveram parceiros de mercado como Tarik Faraj, cujo mero convívio pode equivaler a uma pós-graduação; Rômulo Araújo, com seu enorme coração, erudição e conhecimento; Guilherme Coelho, com quem troquei as primeiras ideias sobre o livro em uma ligação, entrando em um mercadinho.

Tem uma turma boa que, de longe e de perto, sempre representou satélites ao meu redor: minhas irmãs Rosa, Paty e Lú e seus frutos, sobrinhas e sobrinhos, representados aqui por Juliana Silveira, que passou na minha frente e já lançou seus belos livros. Minha irmã tardia, Fê Good Vibes. Também minha família, Martinha, Clarice e Thiago Leal.

Ao meu redor, várias conexões que nos transformam, como minha querida Sílvia "Bacana" Novaes, que, de tão generosa, apelida os outros com suas próprias virtudes; meu médico e amigo, Dr. Caio Andrade, que teve participação direta no desenvolvimento da saúde do meu corpo e da minha mente; Fabrício "Mozão" D'Angelo, uma pessoa melhor do que eu e que me inspira sempre.

Nesse caminho que chamei aqui de "vida", houve pessoas que me abraçaram e compensaram minhas limitações naturais. Duas delas, Arthur e Jéssica Macedo, que me permitiram tirar o melhor de mim e que precisam saber que nunca esquecerei disso. Tem a galerinha da CUPOLA, Renata, Greice, Michel, Kariny, Aline, Alice, Fabi, Keity, Toshio e tantos outros líderes desse time. Meus meninos Eve, Will, Isa, Dario, Bruno, Menino Raj, Su, Rob, Janile e todos os componentes desse incrível vilarejo chamado CUPOLA.

Também ao redor de Dani Rodrigues: Ivaniel, Daniel e Alice, que são presenças certas que ressoaram nela, em mim, no livro.

Ao meu redor, estiveram várias cidades nesse período, mas, em especial, Aracaju e Toronto (meu muito obrigado).

E, por fim, Dora "Kields", que representa um amor maior. Maior que o que sinto por mim mesmo.

NOTA AO LEITOR

Caro leitor, cara leitora,

Antes de iniciarmos a discussão sobre a natureza do mercado imobiliário, pedimos licença para um breve parêntese quanto à proposta deste livro. Aqui, serão abordados temas que consideramos fundamentais dentro da essência desse mercado, oferecendo um *mix* entre teoria e prática, a partir da experiência do autor e de relatos de entrevistados.

A leitura pode ser feita na sequência apresentada ou na ordem que você preferir. Ainda que, em alguns momentos, façamos referência a passagens anteriores do livro, ele pode ser compreendido de acordo com a sua temática geral. Se tiver interesse em começar por determinado tema, você poderá consultá-lo diretamente, localizando-o pelo índice.

Este livro é destinado a todas as pessoas que têm interesse nesse setor, que trata de uma das necessidades básicas do ser humano – morar. Assim, o seu conteúdo se mostra relevante a empreendedores, gestores de imobiliárias, corretores, administrativos, integrantes de entidades do mercado, fornecedores de soluções ou, até mesmo, consumidores interessados em refletir sobre a natureza desse mercado.

Não tivemos a pretensão de escrever com verticalidade ou profundidade, para que o livro se torne palatável e traga um conhecimento mais horizontal sobre o mercado imobiliário, com foco no empreender. Além de gerar reflexões, queremos motivar você a buscar o aprofundamento de cada tema.

Tenha uma boa jornada!

Daniel Claudino

PREFÁCIO

Os gestores de imobiliárias prósperas ou já consolidadas têm um grande mérito no Brasil: eles perseveraram em um país de constante instabilidade política e econômica, sem que houvesse conhecimento estruturado disponível para apoiá-los em sua evolução. A obra de Daniel Claudino chega para reparar essa lacuna histórica do mercado imobiliário, servindo como referência para os empreendedores do presente e do futuro que almejam acelerar o crescimento de suas imobiliárias.

Claudino amarra conceitos relevantes de empreendedorismo com a experiência de empresários e profissionais de destaque no cenário nacional, dentro de uma costura atenta que evidencia os maiores desafios de gestão da atualidade. Consultor de senioridade ímpar, o autor faz uma leitura mercadológica sagaz que proporciona ao leitor a condição de entender e se adaptar aos movimentos feitos nos últimos anos pelas empresas de tecnologia.

Mesmo diante de tantas transformações vividas pelo mercado imobiliário nos últimos 10 anos, o fato é que as imobiliárias continuam fortalecidas em sua posição, mas isso não significa que possam se acomodar. O empoderamento dos corretores de imóveis pela tecnologia, fenômeno mais recentemente observado no Brasil e no mundo, representa uma nova ameaça à intermediação clássica das imobiliárias, demandando outro passo à frente dos imobiliaristas em termos de inovação.

Enquanto negócio altamente rentável com incríveis oportunidades de recorrência e empilhamento de receitas adjacentes e baixa demanda de investimento para operar, as imobiliárias sempre serão um *business* visado e ameaçado por novos modelos de intermediação ou desintermediação, motivos pelos quais a obra de Daniel Claudino torna-se leitura absolutamente obrigatória para quem opera no segmento.

Maior classe de ativos do mundo, o imóvel cresce em apelo especialmente nos momentos de crise, algo cada vez mais comum dentro do mundo instável das redes sociais em que vivemos. Nada mais esperado, portanto, que a mercadoria das imobiliárias torne-se cada vez mais cobiçada e transacionada por fundos de investimento, empresas de tecnologia e outros *players* que se apresentam com frequência espantosa.

O segredo para marcar a diferença em relação a esses operadores, observa Claudino, está na autoridade resultante do profundo conhecimento da dinâmica local do mercado imobiliário, o que só as imobiliárias detêm no momento. À vantagem competitiva da inteligência de mercado, no entanto, essas empresas precisam somar a capacidade de gestão de ativos e de pessoas, bandeiras que o autor levanta como forma de preservação das imobiliárias como as conhecemos hoje.

Se os fundadores de imobiliárias consagradas conseguiram prosperar no passado sem acesso a conhecimento específico, é fato que os empreendedores do presente já encaram uma conjuntura mais complexa, de concorrência mais acirrada por imóveis e pessoas. Para sua sorte, profissionais como Daniel Claudino estão disponíveis para compartilhar as melhores práticas consagradas como as desta obra. Usufrua deste privilégio que poucos segmentos têm à disposição.

Boa leitura!

Por Rodrigo Werneck,
CEO e Founder da CUPOLA.

EPÍGRAFE

————————

Certa vez, um grande amigo do poeta Olavo Bilac queria muito vender uma propriedade, um sítio que lhe dava muito trabalho e despesa. Reclamava que era um homem sem sorte, porque as suas propriedades davam-lhe muitas dores de cabeça e não valia a pena conservá-las. Pediu então ao amigo poeta para redigir o anúncio de venda do seu sítio, pois acreditava que, se ele descrevesse a sua propriedade com palavras bonitas, seria muito fácil vendê-la. E, assim, Olavo Bilac, que conhecia muito bem o sítio do amigo, redigiu o seguinte texto:

> *"Vende-se encantadora propriedade onde cantam os pássaros, ao amanhecer, no extenso arvoredo. É cortada por cristalinas e refrescantes águas de um ribeiro. A casa, banhada pelo sol nascente, oferece a sombra tranquila das tardes, na varanda."*

Meses depois, o poeta encontrou o seu amigo e perguntou-lhe se tinha vendido a propriedade. "Nem pensei mais nisso", respondeu ele. "Quando li o anúncio que você escreveu, percebi a maravilha que eu possuía."

SUMÁRIO

EMPREENDEDORISMO..**21**

A NATUREZA DE EMPREENDER...........................22

EMPREENDEDORISMO E
O MERCADO IMOBILIÁRIO 25

A ESSÊNCIA DO MERCADO IMOBILIÁRIO 27

**AMBIENTE MERCADOLÓGICO
(FATORES EXTRÍNSECOS)**.............................**29**

O CASE "IMOBILIÁRIAS" 30

IMOBILIÁRIAS SÃO DE QUAL SETOR? 34

AS CINCO FORÇAS DE PORTER 39

GESTÃO NO MERCADO IMOBILIÁRIO
VERSUS BAIXA BARREIRA DE ENTRADA 49

STARTUPS: DA AMEAÇA À PARCERIA................ 52

REDES E ASSOCIAÇÕES 56

**ELEMENTOS ESTRUTURANTES
DO MERCADO IMOBILIÁRIO
(FATORES INTRÍNSECOS)**................................**65**

GESTÃO EMPRESARIAL.......................................66

PROCESSO DECISÓRIO 69

EFEITO DUNNING-KRUGER...71

O ASPECTO VITAL DOS PROCESSOS..........................74

MARKETING E MERCADO IMOBILIÁRIO **79**

OS QUATRO P's...80

O PAPEL DO MARKETING
NO MERCADO IMOBILIÁRIO 90

FINANÇAS **95**

A ADMINISTRAÇÃO DE LOCAÇÃO:
UM CASO À PARTE...96

GANHANDO DINHEIRO COM DINHEIRO.........................101

A TRÍADE...**113**

PROCESSOS **117**

DIFERENTES PROCESSOS PARA
DIFERENTES CLIENTES...127

PROCESSOS DE VENDA E DE LOCAÇÃO:
ESPECIFICIDADES E SEMELHANÇAS 130

TECNOLOGIA...**137**

SOFTWARES DE TERCEIRIZAÇÃO 141

A RELAÇÃO DO MERCADO COM A TECNOLOGIA 144

SOLUÇÕES DE TECNOLOGIA PARA O MERCADO IMOBILIÁRIO 146

CATEGORIZAÇÃO DAS SOLUÇÕES DE TECNOLOGIA 151

PESSOAS **161**

A EXPERIÊNCIA DE HAWTHORNE 163

A GESTÃO DE PESSOAS E O MERCADO IMOBILIÁRIO 165

A GESTÃO DE PESSOAS SEGUNDO CHIAVENATO 170

DESCENTRALIZAR PARA OTIMIZAR 174

A EQUIPE DE ALUGUEL E O BALCÃO DE COMPANHIA AÉREA 179

DIVIDINDO OS GANHOS 182

E OS CORRETORES? 184

O CORRETOR DE IMÓVEIS **187**

O QUE É UM CORRETOR? 188

AS FRENTES DE ATUAÇÃO DO CORRETOR 194

A NATUREZA DA COMISSÃO 200

A IMOBILIÁRIA E O CORRETOR PARCEIRO 206

A CASA DO CORRETOR DE IMÓVEIS 209

SENSO DE PERTENCIMENTO 211

**EMPREENDEDORISMO E
MERCADO IMOBILIÁRIO: SINÔNIMOS............................ 219**

EMPREENDEDORISMO

A NATUREZA DE EMPREENDER

O termo empreendedor é derivado da palavra francesa *entrepreneur*, usada pela primeira vez em 1725 por Richard Cantillon, um economista irlandês, e designava a "pessoa que assumia riscos". Porém, cá entre nós, há muito mais significados no entorno prático desse termo, e resumir ao sentido dado no século XVIII é, no mínimo, diminuir os desafios e os percalços da jornada empreendedora.

De fato, todo empreendedor assume algum tipo de risco em torno de uma iniciativa, e não necessariamente terá a sua recompensa garantida. O ato de empreender promove um movimento em que uma pessoa investe tempo, dinheiro e demais recursos antes de ter a convicção de um ganho.

Além disso, na nossa visão, a prática de empreender precisa atender a um segundo aspecto importante: é necessário ter um propósito, uma entrega à sociedade. Todo empreendimento, necessariamente, precisa proporcionar algo às pessoas. No caso do mercado mobiliário, esse propósito se consolida na realização de sonhos.

A natureza do mercado imobiliário

No Brasil, o termo empreender ganhou força na década de 1990, com a abertura econômica. Nessa época, surgiram inúmeras possibilidades de negócios impulsionados pela competitividade com os mercados internacionais. Nas décadas que se seguiram, o crescimento da mentalidade – e da realidade – empreendedora no Brasil foi exponencial.

A Pesquisa GEM, em sua edição de 2021, mostrou uma taxa de empreendedorismo de 30,4% da população brasileira (faixa etária de 18 a 64 anos). Com esse índice, o Brasil ocupou a 5ª colocação no ranking mundial, considerando os 50 países que participaram da pesquisa no referido ano. É relevante ressaltar que essa taxa total no país já esteve entre 36 e 39%, entre 2015 e 2019, apresentando um breve declínio no período da pandemia de Covid-19. E mesmo após a crise econômica que se estabeleceu entre os anos de 2020 e 2021, o Brasil continua como referência global em empreendedorismo.

Nesse sentido, **Eduardo Luiz,** fundador da EPAR, nos trouxe uma importante reflexão em entrevista para o livro: "Acho que em relação ao empreendedor, toda escola – eu falo muito isso aqui com o pessoal de engenharia, por

> GEM é a sigla do programa de pesquisa Global Entrepreneurship Monitor, uma avaliação anual do nível nacional da atividade empreendedora. O programa é um estudo contínuo que tem abrangência e relevância mundiais. Teve início em 1999, com a participação de 10 países, por meio de uma parceria entre a London Business School, da Inglaterra, e o Babson College, dos Estados Unidos. Já contou com a participação de mais de 80 países, número que tende ao crescimento.

exemplo –, toda faculdade, deveria obrigatoriamente ensinar o cara a gerir alguma coisa. Não é só dizer 'eu sei construir prédios, eu sei ler contratos'. Ninguém está sendo instruído, ninguém está sendo treinado, ninguém está sendo capacitado a gerir negócios. E esse é um déficit que o Brasil tem culturalmente na formação acadêmica, na formação técnica, e que ninguém ensina. Ninguém ensina o dentista a montar um consultório, ninguém ensina o consultor a montar uma imobiliária, ninguém ensina o dono da imobiliária a montar várias imobiliárias, de ser próspero com vários corretores, que monte um grupo que dure por muito tempo. Esse é um desafio que fica na mesa."

> A EPAR é uma empresa de gestão e atua como parceira de imobiliárias e corretores de imóveis nas atividades de natureza administrativo-financeira e burocrática. Para tal, desenvolve mecanismos, sistemas e processos próprios, em áreas como gestão integrada, de contratos e de pagamentos.

Eduardo Luiz
Administrador de empresas e mestre em Gestão de Projetos, é professor universitário de Teoria Geral da Administração. Criou o Método Expert de gestão de contratos imobiliários e atua em várias regiões do Brasil. CEO do Grupo Epar, especializado em gestão.

EMPREENDEDORISMO E O MERCADO IMOBILIÁRIO

Empreender é algo que está na raiz, na essência do mercado imobiliário. Afinal, este é um setor que permite a inserção e o progresso de profissionais das mais diversas áreas. No entanto, uma observação é unânime: muitos ingressam nesse mercado, mas poucos prosperam.

Para novos entrantes nesse mercado, não há a obrigatoriedade de um curso de longo prazo, não é necessário um investimento financeiro robusto nem grandes pré-requisitos de conhecimento ou profissionalização. Se, por um lado, isso traz uma característica democrática, possibilitando que vários empreendedores busquem sucesso e um lugar de destaque, por outro lado, resulta num mercado pouco preparado e com um quê de amadorismo, que acaba entregando, muitas vezes, serviços de baixa qualidade aos clientes.

Desde o início da nossa vivência no mercado imobiliário, em meados do ano de 2007, temos observado que existe uma carência de teorias efetivamente aplicadas a esse ramo, o que contribui com uma prática muito mais intuitiva do que de fato profissionalizada. Neste livro, um dos nossos objetivos é identificar essas lacunas e ocupá-las com um misto de referencial teórico e da nossa própria experiência, com a contribuição de outros empreendedores e especialistas, reduzindo a carga do "dom" no trato com o mercado e ampliando o espaço do "saber".

Esse será um dos caminhos para compreender como se dá a entrada dos profissionais e empreendedores no mercado imobiliário, quais suas múltiplas vocações e inclinações. Também buscamos contribuir para que a ação empreendedora seja acompanhada de aprimoramento e desenvolvimento contínuos, com o objetivo de prestar um serviço de qualidade e, assim, perdurar a atuação no mercado.

A ESSÊNCIA DO MERCADO IMOBILIÁRIO

O mercado imobiliário é democrático. Transforma a vida dos clientes e de quem nele trabalha. Essa característica está intimamente ligada a alguns fatores, sobre os quais conversaremos a seguir.

1. Todo mundo mora

Sabemos das tristes mazelas sociais, como pessoas sem-teto e em situação de rua. Mesmo essas buscam arranjos diários, abrigos ou pousadas. A moradia é naturalmente uma prioridade. Até um adolescente saberia o que priorizar entre um celular, uma viagem, uma festa ou uma moradia (se fosse possível tal comparação).

2. Baixa barreira de entrada

Empreender é um desafio. No Brasil, mais ainda. Uma pequena farmácia de bairro, empreendimento familiar, exige muito conhecimento técnico (formação), pré-requisitos, alvarás, investimento em estrutura, suor e insônia.

Agora, imagine entrar em um mercado elementar para a vida humana, que gera muito dinheiro e comissões, podendo empreender de casa e precisando estudar por um curto período de tempo para ser um competidor. Esse é o mercado imobiliário.

Por outro lado, exatamente a essencialidade do produto "morar" e a inserção pouco criteriosa de profissionais e empreendedores nesse mercado que movimenta tanto dinheiro são as causas do terceiro aspecto que move as discussões deste capítulo: o mercado imobiliário é um convite ao amadorismo.

Para entender melhor esses pontos, ao longo deste livro utilizaremos algumas teorias clássicas interpretadas à luz das peculiaridades do mercado imobiliário observadas na nossa vivência.

> Uma das características mais marcantes (e instigantes, aliás) do mercado imobiliário é a interseção de temas que ele proporciona. Áreas do conhecimento como Administração, Economia, Arquitetura, Tecnologia, Psicologia e Direito podem ser aplicadas nesse contexto.

AMBIENTE MERCADOLÓGICO
(Fatores extrínsecos)

O CASE "IMOBILIÁRIAS"

Seguiremos a nossa discussão sobre empreendedorismo falando sobre os *players*, que são empresas com significativa relevância na área em que operam. No que compõe a natureza do mercado imobiliário, temos como *players*: imobiliárias, empresas fornecedoras, bancos, construtoras. Neste momento, teremos como foco as imobiliárias.

À primeira vista, as imobiliárias podem ser vistas somente como um dos *players*, dentre tantos envolvidos. Entretanto, trata-se de um componente maior do que o seu aparente simples significado, uma vez que elas permanecem fortes ao longo do tempo.

Estima-se que a mediação em negócios imobiliários exista no mundo há cerca de 200 anos, e há aproximadamente 100 anos no Brasil.

Em ambientes corporativos – e no mercado imobiliário não é diferente –, é comum o uso de expressões na língua inglesa. Não por algum tipo de pedância, mas porque, notadamente, as escolas de Administração e Empreendedorismo tomaram forma nos Estados Unidos. Alguns termos foram concebidos em inglês e têm um significado tão específico que não possuem tradução equivalente na língua portuguesa. Ao utilizá-los ao longo do texto, traremos uma breve explanação.

A natureza do mercado imobiliário

Imobiliárias de locação e venda têm conseguido resistir e prosperar nos mais diversos contextos: períodos de alta ou baixa inflação, estabilidade e instabilidade da moeda, diferentes políticas de governo, mudanças de paradigma tecnológico e, mais recentemente, a pandemia de Covid-19.

Com essas informações em mente, chegamos a outro termo muito disseminado no ambiente corporativo: case. Na tradução literal, case significa caso, é algum acontecimento empresarial, produto ou serviço vinculado a uma marca (corporativa ou até pessoal), que pode servir como aprendizagem para outros profissionais. Os cases são frequentemente utilizados em escolas de negócios e trazem algum fato real que sirva de modelo prático para uma ideia. Muitas vezes, um case é a comprovação de uma teoria que se percebeu na prática. No contexto de administração de empresas e de empreendedorismo, cases são normalmente utilizados para que sirvam de exemplo para uma ideia que se quer propor.

Podemos dizer que as imobiliárias são, por si só, um case no mercado imobiliário. Elas são um verdadeiro

No Brasil, a volatilidade da economia não é novidade. Ainda assim, o setor imobiliário vem registrando uma valorização acima da média nos últimos anos, apresentando crescimento inclusive após a crise econômica advinda da pandemia do coronavírus. Em 2022, dados levantados pela TRIM, empresa especializada em monitoramento do mercado imobiliário, apontam que o volume de financiamentos imobiliários tem aumentado desde 2014. O mesmo levantamento cita redução de estoques e aumento dos lançamentos imobiliários no segundo trimestre de 2022. (Fonte: Relatório CBIC/2T2022).

fenômeno. Há, no elemento humano que compõe essas empresas, algum tipo de paixão ou vocação que traz características de resiliência e adaptação para seguir sobrevivendo – e crescendo – em cenários favoráveis ou desfavoráveis.

"O meu pai sempre falava: 'A nossa atividade é muito peculiar. Você não vai aprender a administrar condomínio, ou administrar imóveis, numa faculdade ou num curso. Você tem de aprender na prática. Tem que aprender indo lá ver como que é, vendo os processos, falando com os funcionários. Você precisa conhecer o negócio, para você amar, gostar do negócio tem de conhecer'." Essas palavras são de **Leonardo Schneider,** então diretor-superintendente APSA/RJ, empresa com mais de 90 anos de mercado.

Quando olhamos sob outra perspectiva, encontramos numa característica da natureza uma das razões pelas quais esse mercado cresce e se fortalece cada vez mais: a necessidade do ser vivo de se sentir abrigado. Essa é uma reflexão que **Ivan Silva dos Santos**, fundador da Casa Mineira, conseguiu extrair ao observar a capacidade de adaptação de uma ave.

"Eu tive a certeza de que trabalhar no mercado imobiliário seria uma coisa muito boa observando uma casinha de joão-de-barro. Aquilo me fez pensar que todo ser vivo precisa da sua casa, precisa do seu abrigo", conta Ivan, relatando que, a partir daí, ele conseguiu enxergar coisas que antes não observava. "Vi aquele arquiteto da natureza fazendo sua casinha e passei a observar quantas casinhas tinham, que a gente às vezes não observava. Cheguei a ver duas ou três casinhas uma em cima da outra."

    O caráter essencial da moradia é indiscutível e traz, por si só, um certo encanto relacionado à atuação profissional nesse mercado. Por outro lado, numa análise mais apurada de tudo o que está envolvido nos negócios imobiliários, observamos nuances que vão além da proposta de ofertar um imóvel para venda ou locação. Para abrir a discussão sobre tais especificidades, comecemos por uma análise das empresas imobiliárias a partir dos setores econômicos.

Leonardo Schneider

Diretor da Apsa, Vice-presidente do Secovi Rio. Economista, com mais de 30 anos de mercado imobiliário. Membro do Conselho de Administração da FBN - Family Business Network. Especialista em empresas familiares.

Ivan Silva dos Santos

Empresário e especialista no mercado imobiliário há mais de 40 anos. Hoje se dedica a investimentos imobiliários, incorporações e edificações prediais.

IMOBILIÁRIAS SÃO DE QUAL SETOR?

Nos idos do ensino fundamental, nós aprendemos quais são os setores relacionados a atividades econômicas: primário, secundário e terciário. No primário, estão a agricultura, a pecuária e o extrativismo; no secundário, a indústria de transformação; o terciário se refere à prestação de serviços e também ao comércio. Se tivesse que classificar, você colocaria o mercado imobiliário em qual desses três setores?

Tal pergunta não possui uma resposta exata, porque o mercado imobiliário transita por mais de um setor.

Quando olhamos para esse mercado pensando no setor secundário, estamos falando em incorporação e construção de empreendimentos, com posterior lançamento e venda. Aqui, o ato de empreender está intimamente ligado ao capital corporativo. Ou seja, os recursos da incorporadora ou construtora virão basicamente de grandes capitalistas ou da captação de recursos do mercado financeiro. No âmbito do setor secundário, a atividade imobiliária é mais impessoal, pois envolve negócios em maior escala, como a relação de grandes marcas e corporações por meio de tecnologias para que o cliente faça a aquisição do seu imóvel.

A natureza do mercado imobiliário

Na perspectiva do setor terciário, que compreende a prestação de serviços e o comércio, no mercado imobiliário temos a administração de imóveis e a intermediação. Essas empresas atendem tanto o cliente investidor quanto o cliente temporário, como demonstrado no esquema gráfico abaixo:

Setor secundário (Transformação)	Incorporação (Gestão ou comercialização do imóvel)		Capital corporativo
Setor terciário (Serviços e intermediação)	Investidor (Individual)	Temporário (Individual ou particular em transição)	Capital particular

- Note que o setor secundário é o setor corporativo, de transformação. São grandes capitais investidos em grandes empresas, marcas e obras cujos imóveis são vendidos pela própria incorporadora ou por imobiliárias especializadas em lançamentos.

- Já o setor terciário abrange corretores de imóveis ou imobiliárias, empresas que costumam ser de menor porte, que cuidam tanto do cliente que quer vender ou alugar o próprio imóvel quanto da pessoa que quer ocupar esse imóvel, seja comprando, seja alugando.

- O cliente investidor é aquele que compra imóveis com o objetivo de vender ou alugar, utilizando, assim, os serviços de administração e intermediação que são oferecidos.

- O cliente temporário é o que contrata a imobiliária, pontualmente, para mediar o processo de venda ou aluguel do imóvel: assim que o negócio é fechado, a comissão devida é paga e a relação se encerra, não sendo contratado o serviço de administração do imóvel a partir dali.

No setor terciário, o capital envolvido é o particular, de terceiros, quase sempre pessoas físicas. As empresas imobiliárias que atuam no setor terciário em geral tratam com pessoas comuns e não com *players* de mercado, o que exige uma atenção particular – por vezes, caso a caso.

O que importa entender é que a relação no setor terciário é de serviço, de intermediação. As imobiliárias não produzem unidades habitacionais. Na prática, isso implica várias consequências.

Uma delas é que o serviço passa a ser íntimo, pessoal. A imobiliária e os corretores vão atender o cliente nas suas particularidades, presenciando situações de família, muitas vezes de desconforto, de dúvida – e isso, em parte, justifica porque as imobiliárias são tão especiais e porque essa relação acaba sendo tão sensível.

Há casos em que clientes se tornam amigos de colaboradores ou corretores, tamanha a afinidade das relações que se formam, com empatia e valor emocional para ambas as partes. Afinal, um vendedor não precisa entrar na casa de um cliente que quer comprar um sapato novo. Já para um corretor, é relevante saber se um casal pretende ter filhos no curto prazo na hora de orientar uma decisão de compra, por exemplo. De alguma maneira, o profissional que faz a intermediação de um sonho familiar acaba se tornando parte dessa realização.

A natureza do mercado imobiliário

Com esse cenário em mente, trazemos a reflexão que o empresário **Angelo Frias Neto** nos apresentou em conversa durante a escrita deste livro. "No Brasil, para a maioria das pessoas, a aquisição de um imóvel é algo importante. Diferente dos Estados Unidos, que em média as famílias trocam de casa a cada 7 anos, aqui, muitas vezes, as famílias compram um imóvel na vida toda. Então essa é uma compra importante", pontuou Angelo, que é proprietário da imobiliária Frias Neto, em Piracicaba, no interior paulista.

Diante de todo esse contexto, fica claro que há diferenças marcantes entre empreender no setor secundário e empreender no setor terciário. Comercializar um empreendimento com 200 apartamentos, pertencente a pessoa jurídica, com origem definida e documentação pública em ordem, tem muito pouco a ver com intermediar a venda de um apartamento de um consumidor final, sobre o qual há que se apurar, entre outras coisas, a documentação do imóvel e informações sobre o vendedor, além dos fatores emocionais que interferem na negociação.

A natureza particular do mercado imobiliário influenciará diretamente a atuação de cada tipo de empresa. A decisão de

Angelo Frias Neto
Engenheiro de produção, corretor de imóveis desde 1989, empresário do setor imobiliário.

empreender nesse mercado tem de levar em conta uma série de desafios e implicações, tanto os já descritos neste livro, passando pelos que ainda iremos abordar aqui e muitos outros que são sentidos na prática. Ao identificar o setor econômico ao qual se relaciona a atividade da sua imobiliária, é possível reconhecer de forma mais precisa as forças que atuam sobre ela.

AS CINCO FORÇAS DE PORTER

Publicado por Michael Porter em 1979, o modelo das cinco forças propõe analisar o nível de competitividade de um mercado, com o objetivo de avaliar e melhor direcionar o posicionamento de marca.

Resumidamente, as Cinco Forças podem ser definidas da seguinte maneira:

1. **Entrantes potenciais:** rivalidade quanto à possibilidade de novos entrantes no setor;
2. **Concorrentes:** rivalidade entre os concorrentes de um setor;
3. **Fornecedores:** força e pressão por meio do poder de barganha;
4. **Substitutos:** pressão advinda de produtos ou serviços que tomarão o setor;
5. **Compradores:** força e pressão também pelo poder de barganha.

> Michael Porter é professor da Harvard Business School, PhD em Economia pela mesma universidade, também formado em Engenharia Espacial e Mecânica. É autor de diversos livros sobre estratégias de competitividade, dentre eles o artigo "As cinco forças competitivas que moldam a estratégia", no qual encontramos a teoria descrita neste tópico.

Esse é um modelo internacionalmente reconhecido, aplicado em diversos contextos por profissionais de Administração, Marketing, Economia e outras áreas. Na nossa experiência, inclusive, foi possível empregar os conceitos de Porter, com considerável precisão, no mercado de telecomunicações e de operadoras de planos de saúde (saúde suplementar). No mercado imobiliário, porém, percebemos a necessidade de fazer adaptações na aplicação do modelo das Cinco Forças, devido às especificidades desse ramo.

Então, veio a constatação: se um modelo teórico consagrado não se aplica em sua integralidade a um mercado de tamanha importância, é preciso um estudo minucioso da natureza desse mercado. E esse olhar atento é uma das propostas centrais deste livro.

A primeira força que detalharemos são os entrantes potenciais. O mercado imobiliário é atraente, gera muitas oportunidades de ganho, com comissões que fazem crescer os olhos. Em comparação a outros mercados, há poucas barreiras para ser um corretor e empreender nesse meio. Não é exigida uma qualificação formal ampla e o investimento inicial pode ser baixo (até algumas dezenas de imóveis podem ser administrados numa planilha básica de Excel). Esse contexto é o que chamamos de baixa barreira de entrada.

A natureza do mercado imobiliário

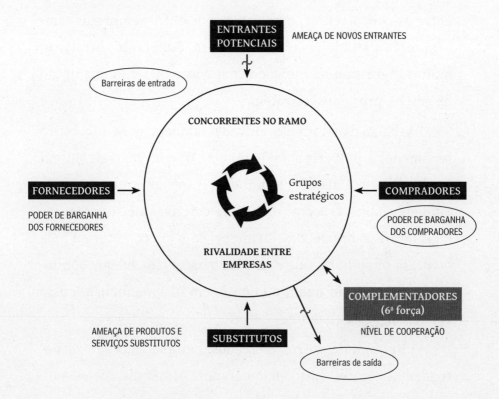

Ao analisar de um ponto de vista mais teórico, é inevitável que façamos comparações entre os mercados. Vamos citar o de telecomunicações. Assim como o imobiliário, trata-se de um mercado gigante e que gera um produto que todo mundo consome o tempo todo. Diante disso, vem o questionamento: por que existem milhares de imobiliárias no Brasil e, por outro lado, menos de uma dezena de empresas de telecomunicações?

Uma das razões está na baixa barreira de entrada para novos entrantes do mercado imobiliário. Essa característica reflete diretamente na próxima força de Porter, a rivalidade entre os concorrentes, uma vez que as outras empresas também terão passado pela baixa barreira. Com tantos atrativos, muitos ingressam no mercado com pouca ou nenhuma noção de gestão, processos, estratégia.

A baixa barreira de entrada também gera um outro fenômeno: a pulverização. Estima-se que há mais de 60 mil imobiliárias e mais de 490 mil corretores em todo o Brasil[*]. Supomos haver aspectos da psique coletiva que sugerem ser mais interessante deixar seu imóvel com um corretor ou uma empresa imobiliária que esteja na mesma cidade, que conheça a região e com quem o cliente, em última análise, possa conversar pessoalmente.

Diferente de outros mercados, em que as organizações tendem a crescer em conglomerados – franquias de restaurantes, redes de lojas de departamento, grandes redes de supermercados –, o mercado imobiliário cresce com base em conhecimento local. Você já ouviu falar de alguma imobiliária de atuação nacional? Conhece uma imobiliária que trabalhe com imóveis de vários estados do Brasil?

Julio Bogoricin, Coelho da Fonseca, Brasil Brokers, Lopes, QuintoAndar. Todas essas empresas, de alguma forma, tentaram expansão nacional, seja através de unidades próprias, franquias, *joint ventures*; até os grandes *players* de tecnologia tentaram

---

[*] Dados do Conselho Federal de Corretores de Imóveis (Cofeci), referência: outubro de 2022.

substituir a intermediação imobiliária tradicional. Essas tentativas, de um jeito ou de outro, trouxeram aprendizado a essas empresas, em muitos casos fazendo-as regredir, recuar e procurar parcerias com as imobiliárias locais.

Hugo Leão, empresário atuante em Brasília (DF), nos relatou um pouco desse processo: "Grandes portais imobiliários saíram de Brasília, por não entender a realidade local. O próprio QuintoAndar precisou fazer uma parceria local, para conseguir entrar em Brasília. Eles nos procuraram para fazer um trabalho de parceria, fizemos uma *joint venture*. (...) Uma das grandes coisas que aqui é diferente é que o brasiliense é muito de pessoalidade. Grandes marcas, grandes empresas, geralmente não conseguem encantar o brasiliense porque ele gosta muito do atendimento olho no olho. Então quando vem uma empresa de fora, alguma coisa mais robusta, eles perdem um pouco essa habilidade de conversar com um público de Brasília".

É da natureza desse mercado ser local. Quando se trata de vender seu imóvel, ninguém quer tratar com quem "mora

Hugo Leão
Administrador de empresas e empresário do mercado imobiliário. CEO da Thaís Imobiliária.

em Miami" – as pessoas preferem fazer negócio com seu vizinho. E, aqui, cabe um parêntese: não podemos dizer que esse cenário nunca mudará nem que as empresas jamais conseguirão ultrapassar as barreiras regionais. Mas, convenhamos, ser local é uma tendência já bem estabelecida no mercado imobiliário brasileiro, e essa é uma constatação geral de quem atua nesse mercado.

Na prática, o maior *know-how* é o de quem conhece as particularidades da região onde está localizado o imóvel. É fato que dominar as técnicas de venda representa um elemento importante na qualidade do serviço que o corretor ou imobiliária irá prestar. No entanto, entender as singularidades do seu local de atuação é um dos fatores fundamentais para que a empresa/o corretor se destaque e se estabeleça no mercado.

Seguindo a análise da teoria de Porter, passamos à força relacionada aos fornecedores. Aqui, há um contexto favorável, porque o mercado imobiliário tem à disposição uma ampla oferta de produtos relacionados à execução das suas atividades – fornecedores de tecnologia, soluções *sign* (assinatura digital), portais imobiliários, por exemplo. Existem muitas opções desses serviços para o mercado imobiliário, o que gera custos equilibrados.

Como percebemos, até então os conceitos se encaixam com a prática do mercado sem grandes dificuldades. Agora, chegaremos aos conceitos que não têm uma aplicação tão nítida.

A natureza do mercado imobiliário

A força que traz a ideia do produto substituto pode ser rapidamente identificada em outros mercados, mas não é possível vislumbrar um produto substituto para a moradia – pelo menos, não num horizonte próximo. O que tem mudado constantemente é a tecnologia empregada na otimização dos processos de mediação. As imobiliárias substituem sistemas, equipamentos, estratégias de negócio, gestão e comissionamento. Mas o produto continua sendo a mediação de negócios imobiliários – em última instância, a moradia.

Outra força que não tem uma aplicação tão clara é a dos compradores. Temos uma questão fundamental: quem representa o comprador em um segmento que intermedeia interesses, como é o mercado imobiliário?

Em primeiro lugar, é preciso elucidar o que se entende por compradores. Por si só, a palavra pode induzir à ideia (equivocada) de que estamos tratando apenas de comprar e vender imóveis. No caso do mercado imobiliário, de maneira geral, compradores são clientes que podem adquirir serviços imobiliários, tanto de locação, quanto de venda ou administração. Posto isso, na matriz das Cinco Forças de Porter, aquele que ocupa o papel de cliente/consumidor/comprador pode ser qualquer um que utilize um serviço de uma imobiliária ou corretor, como um proprietário de imóvel que queira vendê-lo pagando uma comissão ou alugá-lo pagando uma taxa ao intermediador. Também faz parte dessa relação, nessa dinâmica de consumo e interesse, o cliente que quer comprar um imóvel e aquele que quer ocupar como inquilino.

Dessa forma, podemos dividir os clientes em três grandes grupos de interesse: 1) o proprietário do imóvel que pode deixá-lo para venda, locação ou ambas as finalidades, a depender da melhor oportunidade de negócio; 2) aquele que quer ocupar o imóvel em definitivo ou por locação e 3) aquele que quer investir no imóvel para reformar, para alugar ou vender posteriormente, mas não necessariamente quer residir nele.

Em todos os casos, a imobiliária, em uma perspectiva mais tradicional, costuma considerar como cliente aquele que paga a comissão (o proprietário), pela relação direta de remuneração que é estabelecida. Contudo, modernamente entende-se que, ao prestar um ótimo serviço para quem vai comprar ou alugar o imóvel, você estará melhor servindo os proprietários, uma vez que um atendimento ágil e de qualidade valoriza o imóvel.

Trazendo para um exemplo prático: você deixa um imóvel em uma imobiliária que faz anúncios ruins ou anuncia em poucos lugares, com fotos de baixa qualidade, que possui pouca disponibilidade para o atendimento, que não proporciona uma boa experiência de visita, que não tem um bom conhecimento técnico sobre a estrutura, as características e os valores da propriedade. Todos esses fatores acabam por diminuir a liquidez de locação ou de venda desse imóvel.

Já uma imobiliária que faz o inverso, ou seja, tem um bom atendimento, dispõe de fotografia profissional e tem conhecimento técnico da propriedade, potencializa a velocidade da compra/locação e diminui os riscos na transição desse bem. Portanto, prestar um serviço de boa qualidade para compradores e potenciais inquilinos permite que você faça uma excelente entrega para todos os envolvidos.

Rosângela Castro, proprietária da Rosângela Castro Imobiliária (Teresina-PI), iniciou sua própria empresa após mais de uma década trabalhando em uma construtora. Ela nos trouxe um relato em que destaca a importância da excelência no atendimento, qualidade que proporciona uma relação de credibilidade e confiança junto aos clientes.

"Quando abri a imobiliária, eu recebi uma construtora de São Paulo que veio para Teresina. E a gente vendeu 75% das unidades em menos de 30 dias. O mais interessante é que eu tinha um nome tão forte, relacionado à construtora em que trabalhei antes, que as pessoas assinavam o contrato e depois, ao receber o documento em

Rosângela Castro
Atua há mais de 27 anos no mercado imobiliário. Já foi gestora em uma grande construtora do Piauí, tem uma das maiores imobiliárias de Teresina, trabalha com venda e locação de imóveis e presta consultoria de investimento para clientes consumidores de São Paulo.

casa, diziam: 'Menina, isso aqui não é da construtora Jurema, não' – que foi onde trabalhei durante dez anos. Então, eu dizia: 'Nossa, você nem olhou, tem o nome da construtora Patrimônio na frente'. Mas a pessoa tinha tanta confiança em mim, que assinava sem olhar", contou, ao discorrer sobre os primeiros passos de sua imobiliária.

Esse exemplo ajuda a demonstrar que o *know-how* em relação ao mercado e ao seu público-alvo possuem pesos equivalentes.

A força Complementadores foi acrescentada ao modelo de Porter anos depois e refere-se ao que complementa o negócio. Como a teoria já era consagrada, a nomenclatura não foi modificada, resultando no fato de que "As Cinco Forças", na verdade, são seis.

No mercado imobiliário, agem como complementadores da atividade de vender e alugar imóveis: o crédito imobiliário (seja através de parcerias com instituições de crédito ou proporcionado pela própria imobiliária), seguro-fiança, seguro incêndio e outros intermediários.

GESTÃO NO MERCADO IMOBILIÁRIO VERSUS BAIXA BARREIRA DE ENTRADA

A partir do que já discutimos sobre baixa barreira de entrada, é perceptível que quem entra e empreende no mercado imobiliário em geral não tem a qualificação de gestor, e sua atuação é quase sempre mais intuitiva do que propriamente técnica. Para compreender melhor o cenário, é necessário ponderar algumas observações acerca das características dessas pessoas que compõem o mercado imobiliário, sejam empresários ou corretores.

Quase heroicamente, os empreendedores desse mercado que conseguem obter êxito garantem uma parte importante da nossa economia, empregam pessoas, atendem clientes, geram tributo, muitas vezes sem ter um apoio sólido ou uma formação específica para tanto. São empresários com histórias de vida diferentes, corretores e empreendedores com habilidades, aptidões e níveis de conhecimento diversos.

Uns são mais gestores por natureza e costumam trabalhar na parte de tecnologia, de administração de aluguel e de finanças. Outros são mais comerciais, mais desbravadores, e costumam ter muito sucesso na área de vendas e relacionamento com clientes.

Seja qual for o caso, primeiro crescem o máximo que podem, mesmo sem a técnica ideal de gestão, administração, marketing, recursos humanos, engenharia de processos, entre outros. Depois, para complementar suas competências, passam a contratar profissionais que garantam a qualidade do serviço prestado, seja para a própria empresa, profissionais terceirizados ou consultorias, com o objetivo de aperfeiçoar o que antes faziam individualmente ou mesmo implementar novas práticas.

Não raro, conhecemos proprietários de imobiliárias que, no início da empresa, faziam, eles mesmos, a avaliação do imóvel para aluguel, colocavam anúncios em jornais/sites e através de placas, atendiam ao telefone, mostravam o imóvel, "batiam" o contrato, faziam a vistoria. Quando isso ocorre, cada uma dessas etapas acaba sendo frequentemente executada de uma maneira não ideal e, por isso, fica mais sujeita a falhas (anúncio não atrativo, contrato mal redigido, vistoria superficial).

É muito comum que os empreendedores do mercado imobiliário "aprendam fazendo", ou seja, que busquem capacitação quando já estão executando o trabalho há algum tempo, ao mesmo tempo em que desenvolvem a sua jornada empreendedora. Assim, fica claro que aliar a dedicação já existente ao suporte multiprofissional adequado tende a alavancar as empresas a outros patamares.

Um dom que precisa ser necessariamente lapidado, em todo corretor que se propõe a gerir uma empresa, é o de gestão de pessoas e recursos humanos, como ressaltou Ivan Silva ao conversar conosco: "Sempre fui muito próximo dos corretores. E acho que isso foi um dos grandes segredos do sucesso da Casa Mineira, que se tornou a maior empresa de Minas (...). Existem aqueles corretores mais tímidos, há aqueles que já têm um contato melhor com as vendas. Mas a gente sempre procurou preparar todo mundo. Foi bacana. Nosso grupo foi só crescendo".

Sustentar uma empresa no mercado imobiliário, mantendo uma boa equipe, produtiva, tendo resultado e com nome forte, competitivo, não é tarefa fácil. Sabendo disso, a empresária Rosângela Castro, ao conversar conosco durante a escrita deste livro, fez questão de afirmar que o seu foco na gestão de pessoas é o que fez e faz dela uma boa mantenedora do seu negócio.

"Eu não gosto de pegar corretor do mercado. Minha equipe é toda formada por mim. Eu vou para o salão, eu vou para o campo treiná-los. Eu que treino até hoje. O resultado disso foi que ganhei um nome muito forte no mercado (...). Eu não sou dona. Eu sou mantenedora, tenho essa natureza em mim", nos contou Rosângela, destacando o seu modelo aberto de gestão.

STARTUPS: DA AMEAÇA À PARCERIA

Como observamos no esquema teórico de Michael Porter, forças concorrentes não se confundem com fornecedores. Contudo, nesse peculiar e até exótico mercado imobiliário, mais uma vez temos uma exceção.

Por gerar muitas oportunidades de ganho e movimentar um capital relevante, o mercado imobiliário é convidativo para novos empreendedores. A partir dos anos 2010, grandes *players* do mercado, tais como Loft e QuintoAndar, atraíram investidores para seus empreendimentos com o objetivo de concorrerem – em grande escala – com alguns dos serviços que antes eram tradicionalmente oferecidos pelas imobiliárias, tanto em venda como locação. Entretanto, como veremos mais à frente na nossa discussão sobre tecnologia, essas empresas perceberam que seria mais interessante assumirem o lugar de fornecedoras desse mercado já instalado e capilarizado em um país continental chamado Brasil.

A lógica de aproveitar estruturas de imobiliárias já existentes – que trazem clientes, conhecimento do mercado local, reconhecimento de marca e uma operação ajustada por décadas de "tentativas e erros" – começou a ser expressa por uma nova prática: aquisição de imobiliárias tradicionais.

Um bom exemplo disso foi a compra da Casa Mineira pelo QuintoAndar. A empresa mineira é referência no mercado e é respeitada dentro e fora do estado de Minas Gerais. **Admar Cruz**, especialista em vendas e nome representativo da Casa Mineira, foi um dos "recursos adquiridos" pela *startup*, tornando-se diretor de vendas do QuintoAndar após a aquisição.

Como já mencionamos, uma das características marcantes das imobiliárias é que elas progridem com base em conhecimento local. Ao conquistar um crescimento significativo em Minas, a Casa Mineira obteve sucesso ao investir em expansão para outros estados, por meio do seu portal de anúncios imobiliários. E uma das razões para isso foi que os seus processos não eram os mesmos para cada localidade em que a marca passou a atuar. Admar e sua equipe perceberam que cada cidade e cada estado possuem suas particularidades, suas nuances – fatores que precisam ser identificados, mapeados e adaptados. Na visão dele, "é preciso saber respeitar as diferenças".

Admar Cruz
Diretor comercial do QuintoAndar. Tem uma trajetória de 15 anos no mercado imobiliário e foi gestor de lideranças na Casa Mineira. Faz questão de se definir como corretor de imóveis até hoje - função em que iniciou a carreira. Deseja transformar o mercado imobiliário.

"Não adianta querer fazer uma coisa 100% padronizada. Até no que a gente vai oferecer, primeiro precisamos pensar no cliente e se a oferta implicará alguma peculiaridade da sua região. Se você não consegue respeitar a diferença, não adianta nem fechar negócio, pois em cada lugar a documentação é de um jeito, cada lugar tem sua peculiaridade legal, jurídica. São regras impostas por cada estado", destacou o diretor em conversa conosco durante a escrita deste livro. Tais fatores são característicos do mercado imobiliário e precisaram ser compreendidos pelas *startups*.

Admar citou ainda que as particularidades são observadas até na hora de falar. "Por exemplo: em Belo Horizonte fala-se 'quartos'; em São Paulo, fala-se 'dormitórios'", comentou, ao abordar o processo de aplicação da experiência e do propósito do QuintoAndar de um modo regionalizado, adaptado para cada realidade.

Ao contrário do que se pensava inicialmente, os "unicórnios" não passaram a dominar o mercado. De um lugar inicial de possível ameaça, as *startups* do ramo imobiliário tornaram-se fornecedoras de tecnologia e processos, para que as imobi-

> A expressão "unicórnio" foi criada em 2013 por Aileen Lee, investidora estadunidense e fundadora da Cowboy Ventures, para se referir a *startups* que tiveram uma valorização bilionária antes de abrir capital na bolsa de valores. No mercado brasileiro, comumente são chamadas dessa forma as *startups* que tiveram um grande crescimento de forma rápida.
>
> O termo "unicórnio" está relacionado à ideia de algo extremamente raro de ser encontrado, embora esse não seja mais um adjetivo ideal para caracterizar esse perfil de empresas.

A natureza do mercado imobiliário

liárias que atuam de forma local/regional possam melhorar a entrega aos clientes.

Esse cenário nos leva a uma conclusão: o que se universalizou no mercado imobiliário, no Brasil e no mundo, não foram grandes *players*, mas grandes práticas que podem ser adotadas por empresas menores. Como dito em mais de um momento, esse mercado é fortemente pautado por práticas regionais, e isso levou os grandes *players* de mercado a investirem em estruturas organizacionais que possam desenvolver parcerias em lugar de concorrer com essas imobiliárias. Por ora.

REDES E ASSOCIAÇÕES

Se, por um lado, alguns grupos fazem uso de grande capacidade de investimento para atuar no setor, por outro lado, há os que se diferenciam pela união. Considerando um mercado tão pulverizado, a máxima "juntos somos mais fortes" resume bem a força das instituições quando decidem se unir – mesmo quando se trata de negócios. Quando um pequeno grupo se junta a uma grande organização, a probabilidade de crescimento é quase que unanimemente certa.

É nesse contexto que destacamos o papel das grandes redes e associações no mercado imobiliário, que existem para trazer benefícios coletivos (conquistas que, individualmente, talvez não fossem possíveis).

No que se refere à realidade do nosso mercado, trataremos aqui de três tipos de rede: as franquias, as redes para fins comerciais e as redes para troca de conhecimento — não que um modelo não tenha um pouco do outro, pois todos, de alguma maneira, têm um pouco de benefícios comerciais, de conhecimento, de diferencial estratégico. Mas é importante entender separadamente cada um desses modelos e enxergar qual deles pode trazer o diferencial para a empresa.

Iniciaremos pelas franquias — ou *franchising*, como costumamos chamar no mercado. Pertencer, estar junto a uma franquia tem três importantes diferenciais: compartilhar de uma marca da qual todos os franqueados se beneficiam; compartilhar um sistema e um método de trabalho; e, por fim, ter um diferencial de custo.

Exemplificaremos com a franquia McDonald's, que dispensa apresentações em seu segmento. Cada unidade dessa franquia, em qualquer lugar do mundo, tem a mesma força de marca, valorização e reconhecimento. A forma rápida de fazer hambúrguer, uma das maiores características dessa rede, se dá pelo *know-how* compartilhado. Quando um franqueado adquire os insumos necessários para manter sua operação, ele compra uma unidade de hambúrguer, por exemplo, bem mais barato do que compraria se fosse apenas uma lanchonete singular. Essa é a realidade da franquia.

Há quem pense que o modelo de *franchising* seja uma prática inovadora no mercado imobiliário, mas não é. A prova disso é o que vemos no mercado norte-americano, como bem lembrou o então diretor de vendas e franquias na Auxiliadora Predial, **Matheus Kurtz**, em conversa conosco: mais de 60% das imobiliárias

Matheus Kurtz
Diretor de Vendas e Franquias na Auxiliadora Predial.
Atua há 20 anos no mercado imobiliário.

e corretoras americanas já operam nesse formato. "A gente [Brasil] não está inventando a roda. Estamos inspirados nos países mais desenvolvidos, como o próprio mercado americano", destacou Kurtz, mostrando que esse modelo de atuação em redes veio para profissionalizar o mercado imobiliário brasileiro.

Essa proposta faz muito sentido se considerarmos uma característica que compõe a natureza do mercado imobiliário: trabalhar com o objetivo de vestir de técnicas e profissionalismo aqueles que têm perfil empreendedor, mas não a expertise.

Um exemplo de profissionalismo comum às franquias é visto no atendimento aos clientes, partindo da premissa que a padronização das boas práticas gera maior qualidade no serviço. É o que Matheus Kurtz considera como transferência de conhecimento do franqueador para o franqueado.

"Essa transferência de *know-how* do franqueador dá uma possibilidade de que seja prestado um serviço uniforme, dentro de um padrão de qualidade de algo que já foi testado inúmeras vezes, comprovado que funciona e que gera valor para toda a cadeia: para o corretor, para o franqueado e principalmente para o motivo da nossa existência, que são os nossos clientes", explicou o diretor da Auxiliadora Predial.

Outro ganho importante das empresas franqueadas diz respeito à tecnologia: bancos de dados, sistemas, ferramentas gerais de uso compartilhado são aspectos que possibilitam concluir o negócio final (venda/locação) em menos tempo. Na visão de

A natureza do mercado imobiliário

Kurtz, uma das principais dores das empresas brasileiras quanto à celeridade de vendas de imóveis é o fato de serem muito "fragmentadas", ou seja, estarem fora do universo das redes. "As redes de franquias trazem esse banco de dados compartilhado que faz com que a velocidade de venda do imóvel do proprietário seja mais reduzida. Então, isso gera bastante valor também olhando para o proprietário-cliente imobiliário", afirmou Matheus.

Em suma, toda franquia transfere conhecimento (treinamentos), tecnologia (cessão de sistemas de informação) e marca (cessão de uso) para o franqueado, sendo este último o principal fator que traz credibilidade e sensação de segurança às transações da empresa que atua em rede. "Por isso a gente realmente acredita que o futuro do mercado imobiliário brasileiro passa cada vez mais pelas franquias imobiliárias (...). A gente acha que a evolução imobiliária passa pelo crescimento das redes e franquias", destacou Matheus Kurtz.

O segundo tipo de rede que trazemos para o contexto do mercado imobiliário é o de trocas comerciais, modelo que permite potencializar os ganhos, no caso de venda e locação de imóveis, através de um estoque compartilhado.

Em vez de as empresas se perceberem como concorrentes, elas abrem as suas portas para que o parceiro possa vender ou alugar o seu imóvel – a ideia é que cada um ganhe a metade de um bolo maior. Em outras palavras: quando há uma parceria, torna-se necessário dividir os lucros, mas, ao mesmo tempo, é possível que um quantitativo de dez locações ou três vendas mensais se transformem em trinta, quarenta, cinquenta. O resultado final acaba sendo muito maior.

Nesse modelo de rede, naturalmente, ocorre uma rica partilha de conhecimento; além disso, há um pouco da característica de franquia, já que passa a ser utilizada uma marca maior. Esse é o caso da Netimóveis, um dos maiores portais imobiliários do país, que conta com mais de 150 imobiliárias associadas trabalhando com a economia colaborativa.

Fundada e presidida por **Ariano Cavalcanti de Paula** – administrador, especialista em finanças e mestre em redes organizacionais –, a Netimóveis proporciona às imobiliárias associadas o compartilhamento das suas carteiras de imóveis e de uma plataforma tecnológica, facilitando ao cliente final encontrar seu imóvel de maneira rápida e prática. Todavia, ele explica que esse modelo de negócio levou um tempo para ser bem aceito.

Em entrevista concedida para a construção deste livro, Ariano contou que, quando entrou para o ramo imobiliário,

Ariano Cavalcanti de Paula
Analista de sistemas Cobol, formado em Administração de Empresas pela UFMG, especialista em estratégia pela Escola Superior de Guerra, em Administração Financeira pela Fundação Dom Cabral e mestrado em Administração. Trabalhou 10 anos no mercado financeiro como operador de mercado financeiro e de capitais.

A natureza do mercado imobiliário

ao montar sua própria empresa, deparou-se com um cenário singular. Originário do mercado financeiro, onde atuou muitos anos como operador e analista de bolsa e renda fixa, o especialista em finanças nos relatou que estava habituado à dinâmica deste mercado, em que o compartilhamento era algo natural e bem-sucedido. "Naquela época, observei que o mercado imobiliário era extremamente fechado, cada um retinha suas informações. Claramente, se compartilhadas, poderiam gerar mais negócios", lembrou, destacando que a ideia da Netimóveis nasceu desse contexto, da observação de que uma mudança de visão poderia gerar melhores resultados.

"No nosso conceito, o produto nuclear do mercado imobiliário não é o imóvel em si, mas, sim, a informação. Quando eu falo a um cliente que um determinado imóvel serve para ele, o produto primário dessa relação é a informação – tanto é que quando o cliente já tem essa informação, raramente ele faz uso da intermediação", observou.

Ariano mencionou que, no início, a implantação dessa ideia foi difícil, uma vez que ainda não havia a internet, o meio que poderia viabilizar a rede. Quando a internet foi regulamentada no Brasil, o projeto ganhou vida e foi lançado como o primeiro portal imobiliário do país, em outubro de 1995. Com o compartilhamento das carteiras, o negócio foi crescendo, a boa experiência se alastrou e logo chegou a outras localidades. No ano de 2022, a rede já estava presente em vários estados brasileiros e em Portugal.

"Iniciamos como portal, onde fazíamos o compartilhamento dos imóveis. Atualmente, além do portal, a rede compartilha uma vasta plataforma tecnológica que fomenta e induz os negócios entre seus membros", completou o então presidente da Netimóveis Brasil.

Para os clientes, a vantagem é clara: ao entrar no portal da rede ou quando busca uma imobiliária da rede, é possível encontrar um elenco de opções muito maior do que encontraria isoladamente. Para os proprietários dos imóveis, a vantagem também se mostra satisfatória, uma vez que eles conseguem vender ou alugar seus imóveis mais rapidamente.

"Por tudo o que fizemos em 28 anos da Netimóveis, eu entendo que as parcerias são um caminho sem volta. Estamos diante de um movimento mundial na direção da economia colaborativa, em que as organizações tenderão para um ambiente cooperativo, com notáveis ganhos de competitividade. As redes já comprovaram que a competição colaborativa, ou 'coopetição', é um fator decisivo no campo de batalha mundial", destacou Ariano Cavalcanti.

Até aqui falamos das franquias e das redes com fins comerciais, mas também é preciso dar destaque ao terceiro tipo de rede muito importante para o mercado imobiliário: aquela que tem por objetivo a troca de conhecimento.

As empresas que pertencem a esse tipo de rede têm pouca chance de gerar trocas comerciais e, talvez, zero chances de compartilhar uma marca conhecida comercialmente, mas elas se sobressaem na troca de *know-how*. Em geral, as redes formadas nesse contexto têm uma imobiliária por cidade – é o caso da RAL (Rede Avançada de Locação) e da ABMI (Associação Brasileira de Mercado Imobiliário).

Com foco no crescimento do mercado, gestão e processos, a ABMI se propõe a promover a troca de conhecimento entre as instituições associadas para disseminar as melhores práticas. Na visão do seu então presidente **Ricardo Abreu** (fundador da Abreu Imóveis, de Natal-RN), soma-se a isso uma série de outras vantagens, como a facilidade da negociação conjunta com parceiros e fornecedores do setor, com a força oriunda da união dessas imobiliárias.

"A força das grandes redes e associações do mercado imobiliário também acaba por beneficiar todo o segmento, pois oferece melhorias e insere, de forma pioneira, novas práticas e tecnologias. Foi o caso da fiança onerosa (CredPago), que melhorou a experiência dos clientes de todas as imobiliárias,

Ricardo Abreu
Empresário, diretor da Abreu Imóveis e corretor de imóveis há mais de 35 anos. Ex-Presidente do CDL Natal e Presidente da ABMI de 2022 a 2024.

mesmo as que não são associadas à ABMI", destacou Ricardo em conversa conosco.

Diante dessas explanações sobre os tipos de rede e a importância de cada uma delas para o crescimento das empresas, talvez tenha ficado a dúvida sobre qual seria o melhor modelo para a sua empresa se associar. No nosso entendimento, não existe "o melhor caminho" para seguir com as parcerias no mercado imobiliário. As empresas podem alcançar seus êxitos e se destacarem no mercado por caminhos diferentes e individuais.

Fato é que a força das redes é algo cada vez mais presente no mercado brasileiro, e pertencer a uma grande associação pode ser um diferencial para o seu negócio. O ambiente de troca de ideias é, ao mesmo tempo, o que há de mais subjetivo e de mais sólido, tanto em redes, associações e franquias. É um verdadeiro "*benchmarking* orgânico".

> *Benchmarking* é uma estratégia que visa buscar melhores práticas de gestão e desempenho com base em análises do mercado em que uma empresa está inserida. Para isso, a organização pode se comparar a concorrentes e/ou outras empresas de destaque, utilizando cases e suas táticas como referência na gestão. Normalmente, o *benchmarking* é aplicado por meio de pesquisas e analisa aspectos como qualidade de serviços, processos, comunicação e produtos.

ELEMENTOS ESTRUTURANTES DO MERCADO IMOBILIÁRIO
(Fatores intrínsecos)

GESTÃO EMPRESARIAL

No mercado imobiliário, interagimos o tempo todo com dois clientes que, não raro, têm interesses antagônicos: proprietário e comprador/locatário do imóvel. Isso traz uma complexidade e uma série de características muito específicas para os processos envolvidos na gestão empresarial, que não se aplicam a outros mercados.

Olhando de um ponto de vista mais teórico, temos a gestão tática, estratégica e operacional. Para a finalidade deste livro, nosso enfoque estará nessas duas últimas modalidades.

Na gestão estratégica, planejamos "o que fazer"; no nível operacional, o foco está em "como fazer". Na nossa vivência no mercado imobiliário, observamos que o comportamento das empresas acontece com dedicação módica à gestão estratégica: é mais comum ver ações sendo tomadas de maneira quase intuitiva ou apenas seguindo tendências e/ou ideias já praticadas pelos seus pares, sem necessariamente ponderar se aquela é uma aplicação útil na sua organização ou na sua região. Nas imobiliárias, o aspecto operacional da gestão tende a ocupar mais espaço.

A natureza do mercado imobiliário

O nível operacional está relacionado à atividade-fim, ou seja, àquilo de que se ocupa a empresa, a atividade que a caracteriza. Quando falamos em locação, por exemplo, a atividade-fim está centrada na gestão financeira e no uso do imóvel desocupado ou ocupado. Ainda usando o exemplo de aluguel, quando pensamos no preço que será cobrado (porcentagem) para que a imobiliária administre o imóvel ou quando definimos qual o *ticket* médio da nossa carteira de locação, estamos tomando decisões estratégicas.

Ao pensar na importância do nível estratégico de gestão, primeiramente precisamos falar sobre investir tempo no "planejar hoje para fazer amanhã" – o que traz uma relação direta com a evolução de processos e de tecnologia. Quais as ferramentas disponíveis para entregar o melhor serviço para o cliente pelo menor custo? Quais as práticas utilizadas no mercado imobiliário em outros lugares do mundo que podem ser aplicadas para melhorar os processos na imobiliária onde eu atuo? Neste último questionamento, em específico, importa pensar em uma utilização bem planejada, usando critérios e rotinas que façam sentido para a empresa – e não somente a replicação como um "modismo" ou por ter sido algo recomendado de forma genérica pelo "guru" do momento.

Aqui, cabe uma observação. Na prática cotidiana, entendemos haver um conflito entre o importante e o urgente. É muito comum que as empresas fiquem muito focadas no operacional, pelo senso de urgência que ele traz. Muitos empresários do segmento de aluguel já viveram uma cena mais ou menos assim:

Reunião de equipe para tomada de uma decisão importante. De repente, a secretária interrompe a reunião para avisar que acaba de chegar um cliente, proprietário de um imóvel da carteira de locação. Esse cliente está chateado, reclamando que não tinha sido informado de que o imóvel estava desocupado e, por consequência, o IPTU ficou atrasado. Não vai falar com outra pessoa que não seja o dono da imobiliária – aquele mesmo que tinha acabado de entrar na sala de reuniões.

E agora, o que fazer? Seguir a reunião de tomada de decisão (estratégica) ou resolver esse problema imediato (operacional), que gera implicações diversas, inclusive financeiras? Na vida real, é comum que o urgente se torne inimigo do importante, e que o operacional vá tomando um espaço maior do que o ideal no dia a dia, ficando o estratégico "pra depois", para um momento que às vezes não chega.

PROCESSO DECISÓRIO

Quem contratar para a vaga de gerente? O quanto investir nessa campanha? Qual CRM devemos implantar? Fechamos esse negócio com essa comissão? A arte (e a técnica) de tomar decisões está em todos os âmbitos: pessoal, finanças, estratégia comercial e na operação de tudo e, por isso, reservamos um espaço para discutir o tema.

Do mais pacato dos indivíduos aos principais chefes de Estado das nações globais, todos temos decisões a serem tomadas. Essa capacidade de eleger caminhos dentre opções apresentadas requer um esforço perceptível para que se alcance uma escolha, por vezes acompanhada de insegurança e dúvidas.

Tudo o que fazemos no dia a dia envolve decisões – desde a roupa que vestimos pela manhã ao sair até a escolha da carreira profissional. Assim, é de se compreender a postura minimalista de alguns empreendedores notáveis, que, embora possam comprar roupas extravagantes e que enalteceriam suas imagens de profissionais bem-sucedidos, optam por composições básicas, em cores neutras, no estilo conhecido como *normcore*.

> Normcore: proposta estética em que se prestigia o conforto e a objetividade. Exemplos conhecidos são personalidades como Mark Zuckerberg e Steve Jobs, que optaram por uma estratégia de vestuário que prioriza as mesmas cores e peças para qualquer tipo de evento.

Essa opção de estilo indica um alto grau de concentração na missão a que essas pessoas se propuseram, reduzindo o gasto de energia e tempo com questões que não agregam ao projeto empreendido. Ao minimizar a necessidade de demasiadas decisões banais no cotidiano, preserva-se a atividade cerebral para escolhas mais complexas.

Para decisões corriqueiras, chamadas operacionais, você pode treinar e instrumentalizar pessoas. Já para decisões que dependem de variáveis mais subjetivas – e para as quais, muitas vezes, não há um grau absoluto de certeza –, pode-se criar um processo, chamado processo decisório. No mercado imobiliário, essa é uma etapa importante da gestão empresarial. Sua aplicação pode ser vislumbrada, por exemplo, quando falamos em rotinas da empresa.

Exemplo: Toda vez que tivermos um cliente na imobiliária que não possui uma forma de fiança com seguro nem fiança coberta por alguma empresa nem ao menos dois fiadores, a resposta a esse cliente será negativa. Assim, é retirada do proprietário do imóvel a responsabilidade por essa análise (se os locatários estão em condições de fiança) e são criados padrões para essa análise.

EFEITO DUNNING-KRUGER

Em particular, devido à dificuldade em reconhecer a competência em outras pessoas, os indivíduos incompetentes não poderão usar as informações sobre as escolhas e desempenho dos outros para formar impressões mais precisas de sua própria capacidade (DUNNING e KRUGER, 1999).

Pode parecer rude, mas a realidade descrita nessa citação é a de muitos empreendedores que se colocam em uma posição de conforto quanto ao próprio conhecimento.

O Efeito Dunning-Kruger diz respeito à confiança de que se sabe muito quando se sabe pouco. Em outras palavras, existe uma diferença entre saber nada sobre algum assunto e saber alguma coisa, mesmo que seja pouca. Parece confuso? Vamos exemplificar: digamos que você não sabe como preparar uma boa macarronada e resolve fazer um curso de uma tarde com um *chef* italiano. Não é de se estranhar que você saia desse curso com a impressão de que, agora sim, sabe fazer a melhor macarronada que seus convidados já comeram.

Esse é o fenômeno explicado pela matriz ilustrada a seguir. Quando se tem zero experiência em algo, a confiança é nula, porque se baseia nesse zero; quando se agrega um mínimo de experiência, a sensação de confiança aumenta consideravelmente.

No entanto, com mais alguma experiência naquele assunto – e uma boa dose de autocrítica –, a confiança tende a diminuir: o indivíduo se dá conta de que, na realidade, sabe muito pouco, por perceber que o assunto possui inúmeros desdobramentos. À direita da matriz, observa-se o comportamento de alguém que já se tornou *expert*: uma estabilidade na autopercepção do quanto se sabe, e a certeza do consagrado paradoxo socrático: "Só sei que nada sei".

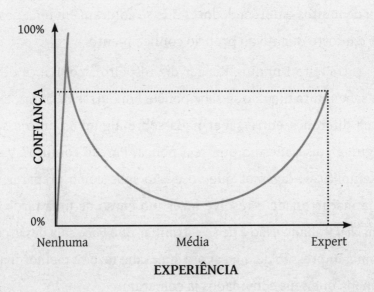

O efeito Dunning-Kruger tende a ocorrer no mundo dos negócios em vários âmbitos. Observe: o empresário tem contato com alguma "ideia incrível" (em alguma palestra, canal do YouTube ou mesmo no concorrente) e já implementa na sua imobiliária. Depois, ao perceber um insucesso, não fica claro se o que não deu certo foi a solução, em si, ou a maneira como ela foi implementada. Esse impasse é causado pela falta de aprofundamento naquele conteúdo.

Sendo assim, para que possamos tomar decisões mais acertadas no mercado, é importante levar em consideração a intuição do empresário (afinal, ela carrega o acúmulo de experiências vividas anteriormente), bem como todos os dados, teorias ou atualizações que esse empresário obtiver. É sempre importante tentar entender opiniões diferentes – até contrárias a uma ideia que surgiu ou conhecimento que se adquiriu. Dar tempo ao conhecimento para amadurecê-lo, questioná-lo e aprofundá-lo é uma importante etapa para as tomadas de decisões.

Em síntese, decisões podem ser complexas ou corriqueiras e, para que possamos dar melhor atenção àquelas que são mais críticas e estratégicas, precisamos estabelecer processos e rotinas nas imobiliárias para que os colaboradores cuidem do dia a dia. Para tanto, é fundamental termos processos bem descritos e alinhados com a visão do empreendedor.

O ASPECTO VITAL DOS PROCESSOS

Para que os empreendedores – sejam corretores em "voo solo", sejam proprietários de imobiliárias – possam destinar seu tempo para focar na tomada de decisões estratégicas para seus negócios, os processos e rotinas bem estabelecidos são fundamentais para manter a operação sem a necessidade da sua total atenção, como veremos a seguir.

Ao longo da nossa experiência de consultoria em imobiliárias, constatamos que o planejamento estratégico (ou gestão estratégica) é uma etapa frequentemente suprimida na condução das organizações. No entanto, na maioria das vezes isso não ocorre por desleixo nem negligência dos empreendedores.

É perceptível que, em geral, existe a intenção de realizar um planejamento estruturado. No entanto, como boa parte das imobiliárias no Brasil são de pequeno ou médio porte (quase sempre de base familiar), isso gera a necessidade de que o dono da imobiliária esteja sempre "cobrindo alguém". Ainda que a empresa tenha uma boa carteira de imóveis e alcance um patamar interessante de crescimento, quase sempre o gestor também acumula

A natureza do mercado imobiliário

funções de executor no cotidiano, seja por férias de funcionário ou outras ausências – no balcão, no atendimento pelos canais de contato, na corretagem. E se o gestor se ocupa da execução, de fato sobrará pouco tempo para o estratégico.

Dado o contexto, é importante transferir o conhecimento e a mentalidade do dono da imobiliária para manuais que orientem a equipe operacional, fazendo com que os colaboradores tenham autonomia e não dependam do dono da imobiliária para tomar decisões meramente operacionais. Esses manuais – documentos escritos que podem ser impressos ou consultados de forma digital – normalmente são feitos com esquemas de trabalho, processos e fluxos bem desenhados. São os *workflows*, termo originado de empresas americanas.

Esses processos, normalmente desenhados por administradores de empresas ou engenheiros de produção, podem ser descritos em diagramas. Para isso, costumeiramente são utilizados *softwares* específicos que possibilitam traduzir, de uma linguagem mais técnica para uma linguagem simplificada e universal, a maneira de fazer um determinado procedimento.

Isso garante, inclusive, que o empreendedor não se prenda ao conhecimento de um funcionário, diminuindo a dependência da presença de uma pessoa específica. Ao sair da empresa, seja por férias, doença ou por ter encontrado uma melhor oportunidade de trabalho, esse funcionário não levará todo o conhecimento junto com ele. O conhecimento fica na empresa.

A melhor maneira de certificar seus processos e serviços é através de POP (Procedimento Operacional Padrão). O mais conhecido é o ISO 9001, que é um certificado emitido pela International Organization for Standardization (ISO). Para tal, são realizadas auditorias com o objetivo de atestar se sua empresa tem processos bem desenhados e se eles são bem executados pelos seus colaboradores.

Só ganha um determinado selo ou certificação de um órgão ou consultoria de relevância nacional e internacional aquela empresa que realmente tem processos bem desenhados, que atendam bem seus objetivos, mesmo que sejam objetivos menos estratégicos, como atender bem o cliente. As auditorias de certificação, no caso da ISO 9001, são realizadas mais de uma vez por ano, com o objetivo de saber se a empresa está seguindo os processos necessários.

O mais interessante de tudo isso é que os processos de empresa se modificam o tempo todo. Um determinado funcionário ou colaborador pode tomar decisões que fogem ao que foi previsto no manual por ter percebido uma forma melhor de fazer algo. Toda vez que isso acontece, deve ser registrado, para que os demais colaboradores também adotem essa nova forma de trabalhar. A ideia do manual não é aprisionar as pessoas ao modo de fazer, mas, sim, registrar algo que possa, uma vez documentado, ser replicado e/ou aprimorado com o tempo.

Todo esse movimento permeia uma das principais soluções quando a questão é gestão de tempo, estruturação. Estruturar uma empresa não diz respeito, necessariamente, às equipes, mas também aos processos. Mesmo que haja pouquíssimas pessoas envolvidas na sua operação, ainda assim, é preciso estruturá-la. Mais adiante, discutiremos sobre esse assunto de maneira mais detalhada, em um capítulo específico sobre gestão de processos.

A natureza do mercado imobiliário

A adequada definição de etapas, responsáveis, condutas e procedimentos é um fator essencial para auxiliar o gestor no momento em que algo der errado (e acredite, dará). Afinal, não importa quanto tempo sua imobiliária tenha, ela ainda não atendeu todo tipo de cliente, não conheceu todas as dores e percalços.

Imagine uma imobiliária pequena, pequena mesmo: você e seu/sua parceiro/a, um filho em idade universitária, um colaborador para recepção, um para pré-atendimento e seus dois corretores. Como organizar processos e responsabilidades dentro dessa esfera?

O primeiro passo é dar atenção aos recursos humanos e perceber aptidões e predisposições. Quem pode se dar bem na gestão do marketing? Quem leva jeito para gestão de crise? Quem tem faro para novos negócios?

Elencando esses aspectos vitais, seguem-se dois pontos essenciais e igualmente desafiadores: o treinamento e a confiança. Cada um dos "escolhidos" precisará ir em busca do desenvolvimento de suas habilidades, com ajuda e apoio da gestão. E a confiança deverá ser depositada pelo gestor, ao delegar e permitir que os responsáveis por cada área tomem as decisões. Delegar, confiar a missão e gerenciar o tempo de forma estratégica.

MARKETING E MERCADO IMOBILIÁRIO

OS QUATRO P's

———

Outra teoria muito utilizada para analisar o contexto corporativo, o chamado "*mix* de marketing" foi lançado em 1960 por Jerome McCarthy. Esse conjunto de conceitos influencia diretamente a maneira como as empresas devem chegar até o seu público-alvo, e é utilizado na definição de estratégias de posicionamento.

Representação por: José de Oliveira, Ph.D., University of Brasília | UnB

A natureza do mercado imobiliário

Esmiuçando rapidamente, temos:

- **Produto:** algo que é vendido pela empresa e tem serventia para alguém.
- **Preço:** valor ou precificação, mesmo que o produto seja ofertado de forma gratuita.
- **Promoção:** como promover o produto, comunicação, publicidade.
- **Praça:** ponto, local onde se vende.

Pensando no mercado automotivo, por exemplo, conseguimos identificar com facilidade a aplicabilidade da teoria e apontar quem é quem:

- **Produto:** carro.
- **Preço:** valor, prestações.
- **Promoção:** publicidade em diversas mídias.
- **Praça:** concessionária.

Quando levamos para o mercado imobiliário, no entanto, veremos uma aplicação não muito precisa. Mais uma vez, será necessário analisar em profundidade a natureza desse mercado, para que possamos visualizar os porquês.

81

Comecemos pelo produto. Qual é o produto vendido por uma imobiliária? Ao contrário do que se pode pensar, não se trata do imóvel em si. O verdadeiro produto das imobiliárias é o serviço de intermediação.

Na sequência, o que caracteriza o preço? Talvez você já tenha pensado duas vezes antes de responder que é o valor do imóvel. Embora o custo de venda ou locação do imóvel seja parte da negociação, o conceito de preço que se aplica ao *mix* de marketing, no mercado imobiliário, está no valor da comissão.

Aqui, chamamos a atenção para um detalhe: essa análise teórica não dispensa a competência técnica dos profissionais do mercado imobiliário em fazer avaliações de preço do imóvel. Parte do serviço prestado está, sim, em realizar uma análise de mercado e inferir valor e preço adequados para aquele imóvel. Afinal, um imóvel mal avaliado sempre traz problemas: se for caro demais, diminui a velocidade de venda, liquidez; caso seja subavaliado, gera prejuízo e perda de dinheiro por parte do cliente.

E a praça? É o endereço do imóvel? O endereço da imobiliária? O estande de vendas? Vamos a um parêntese: o conceito de produto, pensado de forma rasa, pode até se confundir com o de praça/ponto, uma vez que o imóvel tanto pode ser visto como produto quanto pode ser o local onde se decide fechar o negócio propriamente. Mas voltemos à análise do conceito: qual é o grande *marketplace* de imóveis já há alguns anos? Portais imobiliários, sites de imobiliárias. A internet é a praça desse mercado atualmente. A propósito, com a ascensão das ferramentas *sign* (assinatura digital), muitos negócios têm sido realizados e finalizados sem que o cliente precise ao menos conhecer o escritório da imobiliária.

Esse contexto abre uma discussão importante: ao direcionar o investimento numa imobiliária, deve-se focar mais numa excelente estrutura física ou em tecnologia que permita prestação de serviço à distância e marketing digital? É fato que a curva de investimento no mercado vem pendendo, já há alguns anos, para soluções de tecnologia de atendimento online – e menos para espaços físicos, fachadas atraentes, abertura de filiais. A tendência é que o cliente precise a cada dia menos das estruturas físicas das empresas, preferindo ser atendido pela internet. Sua jornada de pesquisa e compra começa pelo computador ou pelo próprio *smartphone*.

O proprietário do portal DFImóveis, do Distrito Federal, **Marcelo Simões Ramos** (que também é cofundador do Wimóveis, presente no DF e em Goiás), destacou que os portais imobiliários começaram a ter destaque no mercado em me-

Marcelo Ramos
Administrador de empresas com MBA em Marketing, é sócio-fundador e CMO da DFimoveis.com, além de sócio-fundador da 62imoveis.com. Possui experiência na gestão comercial de várias empresas.

ados dos anos 2000. "E isso vem só aumentando. Os portais são os principais veículos de compra e venda de imóveis nos locais onde eles atuam", comentou.

> Segundo o Portal DFImóveis, no ano de 2022, foi estimado que mais de 70% dos acessos às suas páginas de busca foram feitos por meio de dispositivos móveis.

Não é à toa esse crescimento e busca pelos portais – eles são um instrumento que permite ao cliente conhecer detalhes dos imóveis por meio de textos mais completos, fotos, vídeos, *tour* virtual. Quanto mais completo for um anúncio, maior procura ele terá. Outro fato inegável é a democratização da informação: antes, as características de determinado imóvel ficavam sob domínio de um corretor ou uma imobiliária; atualmente, com os portais, qualquer pessoa, em qualquer lugar, pode acessá-las.

"No meu ponto de vista, onde a gente está atuando até o momento – que é no Distrito Federal e Goiânia – os portais são, sim, os maiores vetores de *leads* e contatos para vender e alugar imóvel", afirmou Marcelo.

> Em marketing e vendas, *lead* é uma oportunidade de negócio para a empresa. É uma pessoa real que forneceu suas informações de contato (nome, e-mail, telefone, etc.) em troca de uma oferta feita pela empresa (conteúdos, *e-books*, ferramentas, avaliação, entre outros).

No nosso entendimento, tomando como base experiências e o que vemos Brasil afora, as imobiliárias podem se apropriar do sucesso dos portais para captação de imóveis. Quando o portal tem uma boa reputação, seja local ou nacional, a imobiliária que não anunciar nele ficará para trás.

A natureza do mercado imobiliário

E esse cliente que acessa portais imobiliários tende a iniciar sua experiência de compra pela internet, utilizando-se da tecnologia de atendimento remoto, consultorias, *tour* virtual pelos imóveis, podendo até ser encaminhado ao fechamento do contrato por meio da assinatura digital, por exemplo.

Por outro lado, é importante destacar que o endereço físico ainda tem sua grande relevância e necessidade nos negócios imobiliários. Muitos contratos, principalmente na área de locação, só são viáveis pela capilaridade das empresas, pela atração local que elas provocam. Em contratos de compra e venda, há sempre o momento de visita ao imóvel, a ida ao cartório. Entretanto, com o avanço das tecnologias digitais, esses elementos vêm perdendo a expressividade que um dia já tiveram.

A procura inicial, o primeiro contato e as tratativas de negociação vêm sendo feitas cada vez mais por meio de tecnologias remotas, com auxílio do marketing digital, que alcança as pessoas em qualquer lugar e desperta nelas a vontade de realizar seus desejos de maneira prática, rápida e segura.

Como vimos, há certos momentos em que não conseguiremos explicar o mercado imobiliário à luz das teorias clássicas. Isso deixa evidente a especificidade desse mercado e nos mostra o quanto é essencial elucidá-lo através da atuação dos seus *players*.

Um exemplo de imobiliária de vanguarda que se aventurou, acertadamente, no mundo online é a Casa Mineira. A imobiliária surgiu em Belo Horizonte (MG) nos anos 1980, se

85

fortaleceu no mercado e implementou novas atuações, como a criação do portal imobiliário Casa Mineira. O portal possibilitou um acentuado crescimento da marca, explorando parcerias e maior presença de mercado.

No início de 2021, a empresa belo-horizontina foi adquirida pelo QuintoAndar, unicórnio brasileiro do setor imobiliário. "O QuintoAndar viu na Casa Mineira uma empresa tradicional, porém com um corpinho de *startup*", pontuou Ivan Silva dos Santos, fundador da Casa Mineira, que encontrou no marketing e, principalmente, na expansão de praça, a alternativa para crescer muito além das projeções iniciais.

Para finalizar essa análise dos 4 Ps do Marketing dentro do universo imobiliário, precisamos entender o que caracteriza a promoção. Esse ponto está relacionado à comunicação, às formas de publicidade que uma empresa adota para atrair o cliente, que são, basicamente, o que chamamos de mídias *off-line* e *online*.

O *off-line* abrange as mídias que denominamos como tradicionais. É a comunicação institucional feita em anúncios de jornais, placas, outdoors, coletores de lixo, mobiliário urbano das cidades. Já o online inclui as mídias que vêm tendo mais precisão e aproveitamento nos últimos anos: aquelas que aparecem nos canais virtuais, como os portais imobiliários e as redes sociais.

Embora o mercado imobiliário seja pulverizado, é comum que grandes *players* concentrem um volume significativo de negócios em propagandas em massa, garantindo, por exemplo, in-

A natureza do mercado imobiliário

serções na televisão aberta – que costumam ser as mais caras, se considerarmos os horários mais nobres (com maior audiência). Uma estratégia de merchandising desse tipo foi aplicada pelo QuintoAndar, na edição do *reality show Big Brother Brasil* de 2022, na Rede Globo. A propósito, essa ação foi criticada no mercado, porque é vista como uma "conta que não fecha", é algo que não costuma dar um retorno proporcional ao investimento.

Com esse exemplo em mente, retornemos ao P de promoção. Na definição de Jerome McCarthy, a publicidade se preocupa em fazer um público-alvo ter conhecimento sobre determinada empresa e sobre o produto que ela vende. Aplicando o conceito no mercado imobiliário, vemos duas possibilidades: a publicidade com foco no institucional, para fazer as pessoas lembrarem da marca, e a publicidade voltada para o anúncio de imóveis, sendo esta a estratégia mais utilizada. Como as imobiliárias não produzem o seu próprio produto, elas precisam colocar em evidência um imóvel que é patrimônio de outra pessoa.

É aí que entra a importância de saber direcionar o investimento em marketing. É preciso ter credibilidade no mercado para assumir a responsabilidade de vender o produto de terceiros, ainda mais quando esse produto é um patrimônio imobiliário, algo de alto valor financeiro e emocional agregado. A publicidade institucional, aquela em que se fala da marca, da empresa, sem necessariamente vender algum produto, é fundamental nesse processo e precisa ser diluída ao longo do tempo, dos anos, sempre fazendo um pouco. Assim, será possível construir uma imagem de confiabilidade.

> *Branding* é o termo que se dá no mercado publicitário para as estratégias de gestão de uma marca, que objetivam torná-la conhecida, reconhecida e sempre lembrada pelos consumidores. Essas estratégias também buscam construir uma conexão do público com a marca, se fazendo presente na mente do consumidor por meio das relações de confiança, fidelidade e dos valores que ela transmite.

Investir em *branding* é poder, futuramente, emprestar sua marca ao produto. Quando um cliente decide deixar seu imóvel em uma imobiliária, seja para vender ou alugar, ele busca na memória aquelas empresas que são mais vistas, mais faladas. Nesse cenário, o *branding* traz resultados satisfatórios para a imobiliária principalmente por meio de retorno em captação de imóveis.

Já o inverso não é aplicável – o *branding* não costuma funcionar no fluxo contrário, quando o cliente quer alugar ou comprar um imóvel para morar. Isso porque, nesse caso, o foco dele está em um perfil de imóvel, e não na imobiliária.

Trocando em miúdos: quando a família deseja um determinado imóvel, a imobiliária pode até ser uma empresa sem marca, com estrutura física ruim, *staff* ruim, jurídico ruim, prestação de serviço ruim. Se o imóvel está dentro do perfil desejado, o cliente pode acabar se sujeitando a um mau atendimento da empresa que vai intermediar o negócio. Afinal, a escolha foi em relação ao imóvel, não à imobiliária. Para esse

A natureza do mercado imobiliário

tipo de cenário, o que fará a diferença é a publicidade feita em cima do produto.

Uma estratégia que costuma gerar bons resultados no processo de promoção da marca ou de um produto são as publicações patrocinadas (tráfego pago) nos canais digitais. Trata-se de um investimento pago às redes sociais, portais, sites de busca, como Instagram, Facebook e Google, com a finalidade de apresentar algum anúncio ou determinado conteúdo para um número maior de pessoas. As publicações patrocinadas podem ser segmentadas de acordo com o desejo da empresa, determinando o perfil do público que ela deseja alcançar.

O PAPEL DO MARKETING NO MERCADO IMOBILIÁRIO

Até aqui, entendemos que o marketing é vital para qualquer negócio. Também vimos que uma boa estratégia focada no perfil do cliente final – e nos seus reais interesses – pode ser a cereja do bolo. O marketing desempenha um papel fundamental na promoção de imóveis e na atração de potenciais compradores. Através de suas estratégias, as empresas do setor imobiliário conseguem destacar as vantagens e os benefícios dos imóveis que estão sendo oferecidos, além de aumentar sua visibilidade e alcance.

Algumas das principais formas de marketing utilizadas no mercado imobiliário incluem a publicidade em mídias tradicionais, como jornais e revistas, e em meios digitais, como redes sociais e sites especializados em imóveis. Além disso, as empresas podem utilizar estratégias de marketing direto, como o envio de e-mails e a realização de eventos e feiras, para se conectarem diretamente com seus potenciais clientes.

Outro aspecto importante do marketing no mercado imobiliário é o desenvolvimento de uma marca forte e reconhecida.

Isso ajuda a aumentar a confiança dos clientes, tornando mais fácil para eles decidirem realizar a compra de um imóvel.

Mesmo que você seja um pequeno empresário no mercado imobiliário ou um corretor autônomo, é importante atentar-se a todos esses fatores. Afinal, para crescer no mercado, é preciso gerar negócio – e rapidamente, em curtíssimo prazo. É aí que o marketing começa a se mostrar como peça-chave.

Pablo Bueno, fundador da 61 Imóveis, de Brasília-DF, foi incisivo ao destacar o papel do marketing para esse primeiro estágio das empresas/profissionais, em conversa durante a escrita deste livro. "Quando a gente fala desse primeiro tipo de empresa e de profissional autônomo, o papel do marketing é primeiro conseguir fazer com que os negócios sejam gerados, ou seja, divulgação dos produtos. Sejam aluguéis ou vendas, é preciso focar na divulgação para gerar negócios", comentou Bueno. Para ele, seguindo essa linha de raciocínio, neste primeiro momento a construção do *branding* (marca) fica em segundo plano.

Pablo Bueno

Publicitário e empresário do mercado imobiliário. Proprietário da 61 Imóveis, tornou-se um case de sucesso em *branding* e geração de *leads* na região Centro-Oeste. Ganhou notoriedade nacional como palestrante, com ênfase em melhores práticas de marketing no setor.

"É claro que essas pequenas empresas e os autônomos precisam conseguir estoque. Mas, normalmente, nesse primeiro momento, o estoque é construído pelo relacionamento. Então as principais ações de marketing, nesse contexto, estão mais para gerar negócio, ou seja, anunciar nos portais, anunciar no Instagram, Facebook, nas ferramentas existentes", destacou Pablo.

O segundo estágio de atuação do marketing é quando a empresa já está maior, crescendo em negócios e em número de profissionais: quando a captação sai do ambiente de relacionamento e indicação e passa para um ambiente público maior. "Aí você passa a ter uma empresa maior. E, nesse contexto, você começa a ter o cuidado com o *branding*, o cuidado com a sua marca. Ou seja, quer que as pessoas comecem a entender a sua marca como referência e, assim, isso atraia novos negócios, novos clientes e novos profissionais para trabalharem com você. O *branding* da empresa tem esse papel de gerar desejo por fazer negócios com a empresa, seja sendo cliente ou corretor", afirmou.

Ainda na avaliação de Pablo Bueno, o marketing também tem um terceiro papel, quando a empresa atinge o tão sonhado poder de marca: empoderamento dos profissionais da empresa, para que, individualmente, eles consigam fazer ainda mais negócios. "Nesta etapa, o marketing deve suprir a estrutura visual, de ferramentas, de material, para que os profissionais, de aluguel ou de venda, tenham condições de fazer um bom trabalho carregando a marca da empresa como um sobrenome".

A natureza do mercado imobiliário

As estratégias do uso do marketing, de um modo geral, são comuns tanto às empresas que se especializam em locação quanto às que se especializam em vendas. A diferença mais relevante entre os dois nichos está no tempo de relacionamento com o cliente para concretizar um negócio.

Na locação, tem-se um convívio de longo prazo com o cliente. Por isso, é importante que as empresas e os profissionais desse segmento usem e abusem do marketing de relacionamento, agindo de forma proativa para manter esse cliente satisfeito. Em vendas, a relação é mais pontual. Você pode até fazer vários negócios com o mesmo cliente, mas as transações têm começo, meio e fim de uma maneira mais rápida.

Quando falamos em venda no mercado imobiliário, tratamos de compra complexa, jornada longa – talvez a jornada de compra mais longa que um cliente pode ter na vida, chegando a durar meses, por ser uma compra de baixa recorrência. Isso é uma peculiaridade restrita ao mercado imobiliário, afinal, você come todo dia, compra roupas e calçados com certa frequência, troca de celular, por exemplo, sem precisar levar meses para escolher uma peça.

"Essa jornada (em vendas) obriga um comportamento mais paciente, treinamento da equipe e estratégias de relacionamento, seja relacionamento por conteúdo, seja relacionamento por oferta propriamente dito, para conseguir trabalhar esse cliente durante um longo período", lembrou Pablo Bueno.

FINANÇAS

A ADMINISTRAÇÃO DE LOCAÇÃO: UM CASO À PARTE

Ao falar de locação, existe um binômio que logo vem à mente: recebimento e repasse. Ele pretende – sem êxito – explicar a complexa tarefa de administrar imóveis de aluguel. Sobre isso, é preciso frisar duas questões: a primeira é que alugar imóveis não se trata somente de lidar com esse binômio; a segunda é que recebimento e repasse não são pouca coisa.

Imagine que você precisa receber o aluguel de várias pessoas diferentes e por meios diferentes; saber se são responsáveis por pagar encargos, de acordo com o seu contrato; se estão pagando algum tipo de seguro fiador ou de outra modalidade de fiança locatícia inclusa no boleto. Você vai precisar saber também se cada locatário é responsável por pagar IPTU, luz, água, concessionárias e condomínio, ou se paga separadamente, por exemplo.

Muitas vezes, um inquilino está adimplente com uma conta, mas inadimplente com outra. E, em casos como esse, a Lei do Inquilinato (8.245/91) o enquadra como inadimplente passivo, podendo inclusive ocorrer a retirada do imóvel, a chamada ação

A natureza do mercado imobiliário

de despejo. Mesmo que o inquilino atrase apenas o boleto de IPTU e esteja adimplente com o condomínio e o aluguel, que é o valor principal, ele corre o risco de precisar sair do imóvel. É claro que aqui estamos falando sobre alugar e administrar o imóvel. Existem casos em que a imobiliária apenas aluga e cobra uma taxa de intermediação e outros em que, após alugar, administra.

> Alugar e administrar é o mais comum. No mercado imobiliário brasileiro, essa modalidade costuma gerar taxas de 50% a 100% do primeiro aluguel, quando a imobiliária aluga, e 10% de taxa de administração. Quando o cliente proprietário, por algum motivo, quer apenas a apresentação do pretenso inquilino já analisado pela imobiliária, é comum se cobrar a mais por esse feito. Isso acontece, principalmente, em imóveis comerciais de grande valor.

Já pareceu muito a administrar? Isso tudo só diz respeito ao recebimento por parte do locatário. E o repasse ao locador?

Você vai precisar saber o quanto terá que descontar para cada cliente, os percentuais diferentes de cada negócio, se deve ser repassado o dinheiro dele descontando valores, por exemplo, de reparos do imóvel que a imobiliária teve que fazer por obrigação, já que é previsto em lei, ou outros descontos referentes a situações diversas.

Diante disso, percebemos que o "mero" recebimento e repasse, por si só, já é um sistema extremamente complexo. O erro relacionado a um único cliente pode gerar problemas graves para ele e para a própria imobiliária.

Além disso, a imobiliária também tem que cuidar do imóvel enquanto patrimônio. Na vistoria de entrada, é necessário saber como o imóvel estava, fazer o devido registro escrito, fotográfico e filmado. Na saída, essas etapas se repetem e há que se confrontar tecnicamente informações sobre o estado do imóvel, para que não haja nenhuma frustração do proprietário.

Vistoria, recebimento, repasse. Paramos por aí? Definitivamente, não. Existe ainda uma gama de trabalhos que envolvem a administração de locação, como é o caso de um imóvel desocupado. Quem é que cuida dele? Como está o anúncio desse imóvel, a fotografia, o texto? Quais são os seguros que você pode oferecer? No caso de inadimplência do inquilino, como funciona? Como funcionam as regras de cobrança, de aplicação de multa e juros? Até que ponto podemos considerar os casos de despejo?

Tratando-se de vidas e bens de alto valor, a administração de aluguel é uma das tarefas mais árduas, mais difíceis – é uma área em que erros trazem consequências muito graves. Há quem, inclusive, compare uma imobiliária a um banco, tamanha a complexidade da operação financeira e dos aspectos humanos envolvidos.

Originalmente, a ideia era administrar, sim, o recebimento e o repasse de recursos. O principal motivo, dito por vários proprietários de imóveis a este que escreve este livro, era o caráter impessoal que uma imobiliária trazia. Se alguém quisesse alugar o seu imóvel, ele veria apenas o anúncio da imobiliária, sem aquela preocupação de que um familiar ou amigo quisesse alugar "na confiança", sem fiador ou até mesmo pedindo um desconto. Era um recebimento e repasse em troca de 10% do valor do aluguel (ou próximo disso), para evitar constrangimentos.

Já mais recentemente, uma série de serviços agregados já descritos acima estão à disposição do proprietário de imóveis. Todavia, o que antes era um benefício ampliado (um diferencial), com o tempo, foi se tornando um benefício esperado pelo cliente, o que nos traz uma referência à teoria do modelo de cinco níveis de produto de Kotler.

Na visão de Philip Kotler, considerado um dos maiores especialistas em marketing no mundo, um produto não é apenas um objeto físico, mas também algo que precisa satisfazer várias necessidades e desejos do consumidor. Ou seja, esse produto deve ir além da sua funcionalidade. É o que tem ocorrido no mercado imobiliário, no contexto que acabamos de descrever.

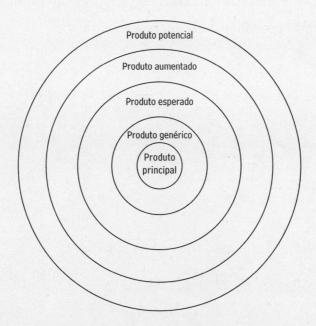

> Kotler desenvolveu cinco níveis de um produto modelo: produto princi-pal, produto genérico, produto esperado, produto aumentado e produto potencial. Se uma marca contemplar esses níveis em seus produtos, ela atinge o emocional do consumidor e faz aumentar o desejo e o interesse desse consumidor em possuí-los.

Ocorre que, de fato, as imobiliárias se assemelham (e muito) aos tradicionais bancos e financeiras. Elas administram grandes volumes de dinheiro e grandes carteiras de clientes, de quem conhece muitas informações e parte da sua intimidade financeira.

Com esse entendimento consolidado, fica o questionamento: como as organizações que nascem em um contexto de modesta profissionalização podem explorar essas oportunidades de forma assertiva? Como já vimos (e continuaremos vendo) neste livro, as parcerias estratégicas são fundamentais para o empreendedor deste mercado.

GANHANDO DINHEIRO COM DINHEIRO

Diversos produtos foram derivados da relação estratégica entre imobiliárias e outras empresas. É o caso das alternativas que surgiram para fortalecer as garantias locatícias, estabelecendo-se como tentativas de amenizar ao máximo qualquer risco ou prejuízo que possa ser causado pelo locatário no processo da locação de imóveis.

A exemplo dos bancos tradicionais, as imobiliárias têm diversas oportunidades para explorar e melhorar sua rentabilidade. Para que isso aconteça, é importante buscar boas parcerias no mercado. Sobre esse assunto, conversamos com **Rafael Nader**, então vice-presidente de vendas e operações do Zap+ (ver-

Rafael Pini Nader

Investidor e executivo com mais de 15 anos de experiência no segmento financeiro e tecnologia. Atualmente, vice-presidente de Vendas e Operações do ZAP+, o ecossistema que engloba os portais imobiliários ZAP Imóveis, OLX Imóveis e Viva Real, além de soluções de inteligência, educação e gestão focadas no segmento.

tical de imóveis da OLX Brasil, contempla os portais Viva Real, Zap Imóveis e OLX Imóveis), que nos trouxe o seu ponto de vista:

"Seja com corretores de seguro ou com empresas que fornecem os produtos direto ao mercado, sempre há um potencial para entrar em boas negociações. É preciso conhecer no detalhe todas as opções do mercado e criar essas parcerias de maneira estratégica, olhando isso como algo importante realmente para o seu negócio", comentou Nader.

Além de buscar parcerias fortes na tentativa de explorar os produtos financeiros na locação de imóveis, a imobiliária precisa focar sua operação para aumentar a penetração desses produtos em seu portfólio de clientes. A oportunidade está no chamado "funil" de vendas, começando ainda na etapa de captação de imóveis.

Mesmo antes de efetivar a locação, é importante preparar o proprietário do imóvel sobre oportunidades de produtos existentes no mercado, como é o caso da antecipação do aluguel. Ao apresentar as opções, a empresa responsável pela administração do imóvel demonstra que se preocupa com o todo e que presta um serviço de fato especializado – e as chances de conquistar esse cliente aumentam de forma significativa.

Após a captação do imóvel e ao longo de todo o ciclo de vida desse proprietário, a imobiliária poderá manter o relacionamento e continuar fomentando e oferecendo outros serviços, como a possibilidade da garantia locatícia sem necessidade de fiador.

A natureza do mercado imobiliário

De acordo com Rafael Nader, algumas empresas conseguem ter um resultado muito mais rápido em locação quando anunciam um imóvel com selo de "aluguel garantido". "Quando você anuncia um imóvel e garante ao inquilino que aquele imóvel já possui uma garantia locatícia, esse inquilino não precisará ir atrás disso e não precisará pagar por essa garantia. Dessa maneira, a velocidade de locação desse imóvel acaba sendo muito maior", destacou o empresário.

Rafael mencionou que, em meados de 2015, por volta de 5% das locações possuíam uma garantia profissional, mesmo em grandes centros. Atualmente, observa-se uma realidade bem diferente: há imobiliárias que já alugam 90% da carteira com essa modalidade. "Ter uma garantia profissional no aluguel é muito melhor para o proprietário e para o inquilino, que não precisa entrar numa situação delicada com parentes e amigos para conseguir um fiador", contou.

SEGUROS IMOBILIÁRIOS

Quando falamos de produtos financeiros para o mercado imobiliário, a referência mais conhecida são as modalidades de seguro. As principais estão previstas na Lei 8.245/91 (Lei do Inquilinato), considerada uma "obra de arte" por vários juristas, pelo equilíbrio e modernização que trouxe ao setor – de tão acertada, sofreu pouquíssimas alterações em mais de 30 anos.

Dentre os produtos de seguro oferecidos no segmento, temos:

1. Seguro Residencial:

Conhecido no mercado como "Seguro Incêndio", é obrigação legal para o inquilino e nem sempre é observado pelas imobiliárias. Por ser de baixa sinistralidade, o custo é baixo e é receita certa para as imobiliárias comercializarem diretamente ou através de parcerias com corretoras.

Segundo Nader, em algumas regiões do Brasil, as imobiliárias não têm o costume de buscar uma negociação desse produto com seus corretores e com as seguradoras, perdendo assim uma grande possibilidade de rentabilidade. "Ele é um seguro que também traz a possibilidade de ofertar uma série de coberturas adicionais, que não são obrigatórias, mas são interessantes para o proprietário do imóvel e para o inquilino", comentou.

O Seguro Residencial traz assistências que vão desde o serviço de desentupimento de pia até o de chaveiro 24h (quem nunca soube de alguém que perdeu a chave de casa e descobriu essa vantagem voltando de uma festa?).

2. Seguro Fiança:

Esse produto garante o pagamento do aluguel e de outros encargos legais para o proprietário do imóvel, em caso de imprevistos com o locatário. Em outras palavras, o Seguro Fiança serve para cobrir despesas de aluguel em caso de atrasos, evitando inadimplência e prejuízos financeiros.

3. Título de Capitalização:

Crédito comercializado por empresas de capitalização e que garantem o acúmulo de determinado capital ao longo de um período. O título de capitalização para aluguel é, portanto, uma modalidade criada para dar garantias aos contratos de locação.

4. Fiança Onerosa:

Nessa opção, que refoge ao sentido tradicional da fiança (em que se tem um fiador – pessoa física – para se responsabilizar por possíveis débitos do locatário), o devedor contrata a fiança mediante pagamento de determinado valor e durante um certo tempo.

A CredPago é uma dessas alternativas – foi idealizada com o objetivo de facilitar a jornada de locação e aumentar os negócios das imobiliárias por meio de maiores conversões em aluguéis. O produto surgiu em 2015 na cidade de Joinville/ SC e, em pouco tempo, tornou-se um case absoluto de sucesso. Em 2022, já estava presente em mais de 700 municípios, com cerca de 20 mil imobiliárias parceiras, cadastradas para operar o seu serviço. Podemos dizer que a CredPago virou sinônimo de fiança onerosa.

O sistema se destaca frente às demais modalidades de garantias locatícias pela praticidade e automação do processo, que exige, basicamente, nome, CPF, telefone e e-mail do cliente/inquilino. Para algumas análises mais específicas, é requerido também a fatura do cartão de crédito.

Jardel Cardoso, cofundador e CEO da CredPago, conversou conosco durante a escrita deste livro e relatou que o seu negócio foi concebido para eliminar as burocracias da locação de imóveis, a partir de uma situação vivida em sua primeira experiência pessoal nesse sentido. "A CredPago surgiu após uma experiência minha de locação, quando resolvi buscar um apartamento para morar com minha esposa. As opções de garantias existentes na época eram: fiador, título de capitalização, caução e seguro fiança, nessa ordem. Por não ter fiador, optei pelo seguro fiança, até então desconhecido para mim", contou, mencionando que recebeu uma vasta lista de documentos a serem providenciados para o cadastro na seguradora.

"Lembro-me de me assustar com tantas informações que precisaria buscar para fornecer à seguradora. Esse processo de juntada dos documentos levou, aproximadamente, cinco

Jardel Cardoso da Rocha
Co-fundador das empresas CredPago e Versi, no setor imobiliário, e investidor em *startups* de tecnologia em diversos setores.

dias. Entreguei à imobiliária e, após mais dois dias de análise por parte da seguradora, recebi uma simples negativa. Meu cadastro não foi aprovado", lembrou Jardel, que se apropriou desse episódio particular para entender melhor o mercado de locações residenciais e encontrar alternativas, até então inexistentes, para esse tipo de problema.

Passados meses de pesquisas, Jardel Cardoso e seus sócios encontraram uma forma de garantir contratos de locação utilizando apenas um único documento e com todo o processo concluído em até 15 minutos. "Nesse momento, já estava comigo no projeto o Fábio Cruz, cofundador da CredPago, especialista na área de tecnologia, e responsável pela construção de todas as ferramentas da empresa", afirmou.

Uma das maiores estratégias de marketing utilizadas para dar força e voz ao CredPago veio por intermédio do ator e investidor Bruno Gagliasso, que abraçou a proposta, deu rosto à ampla campanha e se tornou sócio. "Bruno gravava vídeos informais, do próprio celular, convidando clientes a procurarem a imobiliária XXX, em que havia CredPago, e alugar um imóvel em até 15 minutos. Essa estratégia se mostrou viral e a CredPago decolou em número de imobiliárias procurando saber mais sobre essa nova forma, simples e rápida, de fazer locação", mencionou Jardel.

"Temos muito orgulho do que construímos e de onde chegamos como empresa. E nossa realização é completa quando vemos pessoas buscando um imóvel para alugar, e a resposta das imobiliárias, quando indagadas sobre os tipos de garantia, é: CredPago, fiador, seguro-fiança, título de capitalização e caução – nesta ordem", comentou o empresário.

Em tempo, destacamos que o crescimento pela locação sem fiador não desmerece nem diminui a importância das demais modalidades que ainda são praticadas no mercado, afinal, o mercado tem níveis diferentes – e exigentes – de consumidores. Aqui, aproveitamos para reforçar que existem basicamente cinco formas de alugar um imóvel, do ponto de vista de exigência do proprietário ou da imobiliária.

A primeira delas é fazer o pagamento do aluguel adiantado. Como nos explicou **João Palhares**, então diretor comercial e cofundador da CashGo (plataforma digital que oferece serviços de crédito ao mercado imobiliário), "a antecipação de aluguéis é uma operação de cessão de créditos do contrato de locação. Em outras palavras, uma compra e venda do direito de receber os aluguéis futuros do seu contrato". Esse tipo de ope-

João Palhares
Graduado em Direito pela PUC Minas e pós-graduado em Planejamento Estratégico pela Oxford Business School. Co-fundador da CashGO, primeiro hub financeiro feito para as imobiliárias.

A natureza do mercado imobiliário

ração é expressamente permitida pelo Código Civil Brasileiro, porém ainda pouco utilizada pelo mercado de locação.

A segunda maneira é ter um fiador: uma pessoa física que se responsabilize em caso de débitos do inquilino. No Brasil, especificamente, convencionou-se ter duas pessoas como fiadores, para que a segunda possa se responsabilizar no caso de falecimento da primeira. Esses fiadores normalmente têm renda três vezes maior do que o valor do aluguel, e pelo menos um deles deve ter um imóvel em seu nome, que servirá de garantia no caso de uma eventual inadimplência.

A terceira opção é a caução, instrumento no qual pode-se oferecer um imóvel, um carro ou até uma carteira de poupança como garantia, que fica vinculada ao contrato de aluguel. Essa modalidade precisa de registro em cartório e, por isso, não costuma ser utilizada.

A quarta forma mais comum de alugar imóvel é por meio de seguros. Ela se configura de maneira mais complexa e é pouco utilizada, motivo pelo qual não vamos nos aprofundar na explicação. A quinta opção é a fiança onerosa, modalidade adotada pela CredPago e outras empresas que fornecem serviço de aluguel em que se paga uma taxa em substituição ao tradicional fiador.

E nas vendas não é diferente. Originalmente, na locação, a receita principal está focalizada na taxa de intermediação e administração. Nas vendas, o ganho está centrado, claro, na comissão de vendas. Mas será que é só isso?

Na visão de **Adriano Cancian**, executivo de negócios imobiliários, as imobiliárias devem estar sempre atentas à inovação, acompanhando as demandas atuais e ofertando novos produtos, serviços e formas de aquisição para um cliente cada vez mais informado e exigente. Para se destacar nesse mercado competitivo e, com isso, angariar mais receitas, as imobiliárias precisam deixar de ser apenas uma empresa de intermediação imobiliária.

"Na minha visão, é preciso converter os negócios no modelo de 'Hub de Produtos e Serviços', fomentando a melhoria de processos para garantir a sustentabilidade e, principalmente, fortalecendo parcerias. O grande diferencial desse modelo baseado em parcerias é prover o cliente de recursos para que as demandas decorrentes desse processo, ainda permeado de burocracias, sejam atendidas num só lugar. Bons parceiros agregam valor e negócios bem-feitos fidelizam cliente", ressaltou o executivo.

Para ilustrar essa ideia, Cancian nos trouxe um exemplo típico do mercado: um cliente que quer comprar um imóvel residencial

Adriano Cancian
Executivo de negócios, graduado em Economia, com MBA em Gestão de Projetos. Atua há mais de 20 anos no mercado imobiliário, liderando times multidisciplinares e grandes projetos para construtoras, imobiliárias, *fintechs* e instituições financeiras ao longo desses anos.

A natureza do mercado imobiliário

possivelmente vai precisar de financiamento, o que, por consequência, requer a contratação de seguro residencial, além da contratação de serviço de transporte de mudança, não deixando de lado o sonho de decorar o novo imóvel ou submetê-lo a uma grande reforma. "Esses são alguns de muitos desdobramentos que podem colocar mais dinheiro na mesa, resultando em negócios que vão além da intermediação. Cliente satisfeito sempre será a melhor e mais eficiente campanha de marketing", destacou.

Outros aspectos importantes para a gestão eficiente dos negócios, segundo o olhar de Cancian, são o planejamento financeiro de longo prazo e times motivados e qualificados, capazes de identificar oportunidades para agregar mais valor ao negócio.

"Sabemos que o que encerra negócios não são os custos variáveis, mas, sim, os fixos. Fazer uma gestão rigorosa do fluxo de caixa e perseguir receitas extras e recorrentes são meios essenciais para combater as sazonalidades, algo especialmente comum no mercado imobiliário", explicou o especialista, que acumula mais de 20 anos de experiência no mercado financeiro. "Quanto ao time, mantê-los permanentemente treinados e dispor de políticas claras de remuneração e reconhecimento contribuem para a redução do turnover. O time é a vitrine e o espelho do negócio", afirmou.

A TRÍADE

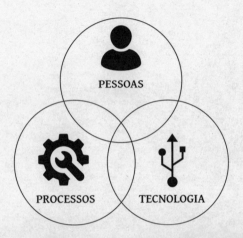

> Pessoas: são responsáveis pela execução. Processos: descrevem como fazer. Tecnologia: presta suporte ao fazer.
> As pessoas interagem com tecnologia para executar processos: essa tríade é o que produz o resultado final, mas, por vezes, é negligenciada pelas imobiliárias.

Existem três elementos fundamentais para a dinâmica corporativa do mercado imobiliário – na verdade, para a movimentação estruturada de qualquer mercado. Trata-se da famosa tríade Pessoas x Processos x Tecnologia. Muitas vezes ignorado ou subestimado pelo mercado imobiliário, esse trio tem impacto direto no sucesso ou insucesso que uma empresa pode ter.

No mundo corporativo, as pessoas são responsáveis por planejar e executar operações. Atuam em inteligência, estratégia,

A natureza do mercado imobiliário

execução de tarefas, interação humana, profissionais, atividade-meio. Tudo isso requer que pessoas tomem decisões, tenham iniciativa, interpretem realidades e possam contribuir com sua expertise e suas leituras de mundo sobre o que fazer ou não fazer. E, para toda tomada de decisão, a execução também é feita por pessoas. No mercado imobiliário não é diferente.

Para que possamos ter a garantia de que essas práticas sejam escaláveis, existe a tecnologia – que não substitui o trabalho humano, mas ajuda as pessoas a serem mais produtivas. Quando pensamos em Revolução Industrial, por exemplo, ao invés de 100 homens empurrando uma pedra, passamos a ter uma máquina à base de carvão que poderia deslocar essa mesma pedra: uma locomotiva. Séculos depois, a Tecnologia da Informação nos permite falar simultaneamente com uma centena de pessoas que estão em diversos lugares do mundo. A tecnologia multiplica e potencializa as capacidades humanas. Sem tecnologia, não há competitividade nem escalabilidade.

> Escalabilidade: entregar um serviço ou produto em maior quantidade sem necessariamente aumentar os custos na mesma proporção.

Por fim, falamos em processos. Se uma pessoa precisa trabalhar em algo e usar uma tecnologia como ferramenta (aplicativos, sistemas) para exercer sua atividade profissional, é importante saber como fazer. Entender processos é importante, inclusive, para que o profissional possa sair de férias, ser realocado ou mesmo sair da empresa sem resultar em prejuízo na atividade. A forma como se faz algo, a rotina que se deve seguir, quais procedimentos e métodos devem ser adotados – tudo isso é chamado de processo.

Neste capítulo, trataremos detalhadamente de cada elemento dessa tríade, assim como da sua importância para o mercado imobiliário.

PROCESSOS

A ideia de processos é adotada desde meados do século XIX, ainda que o conceito não fosse tão nítido como nos tempos atuais. Esse pensamento estruturado sobre o "modo de fazer" as coisas tem evoluído bastante, em especial a partir da segunda metade do século XX, quando crescem exponencialmente ferramentas e profissões que se dedicam a desenhar processos.

A representação de processos de trabalho em diagramas (*workflows*) e o uso de *softwares* de mapeamento, como o Visio e o Bizagi, proporcionam uma compreensão da forma de trabalho das corporações, seja do ponto de vista global, seja em setores específicos. Pensando no mercado imobiliário, abrange, por exemplo: como atender um cliente de venda, como ocorre a venda/locação de um imóvel, considerando a jornada desde o cadastro, passando pelo anúncio até os procedimentos administrativo-financeiros relacionados.

Antes de se estabelecer processos, porém, é de suma importância ter ideias claras e conhecimento dos conceitos relacionados a eles. Ou seja, é necessário "alfabetizar" os envolvidos em técnicas para desenvolver processos – essa ação é premissa básica para a implantação de inovações.

A natureza do mercado imobiliário

Vivian Sousa, especialista no mercado imobiliário – entrevistada para a produção deste livro –, relata que "na prática, o conceito [de processos] é vago e acaba sendo muito empírico". Para ela, aprofundar essa questão é um grande desafio.

Para começar a mudar essa realidade, acreditamos que a informação é o primeiro passo. Os colaboradores de uma organização serão naturalmente mais voluntariosos e hábeis na execução de tarefas e superação de desafios na proporção em que forem informados sobre "o que, como e por que" determinados métodos são adotados pela organização.

A especialista recomenda cinco etapas para entender como funciona cada processo da imobiliária.

1. Elaborar perguntas para entender o que gera o processo;
2. Elencar as ações executadas durante aquele processo;
3. Listar as ferramentas utilizadas para executar as ações;
4. Enumerar as entregas do processo;
5. Utilizar uma planilha, um sistema ou um documento para guiar o processo.

Vivian Sousa
Administradora, consultora de gestão e processos organizacionais. Há 6 anos atuando no mercado imobiliário brasileiro.

Também é importante considerar que, mais do que mapear processos, transformando-os em diagramas a partir de uma análise técnica específica, é possível redesenhá-los.

Para redesenhar e aperfeiçoar um processo, é possível lançar mão de técnicas e da utilização de *softwares*. As técnicas a que nos referimos fazem parte do design de serviços, em particular o *design thinking*, que reúne metodologias e dinâmicas que conseguem extrair da própria equipe uma melhor maneira de se fazer as coisas, sempre tendo como ponto de partida o cliente.

Há também ferramentas que podemos utilizar, tanto para mapear, quanto para redesenhar processos. Entre elas estão os *softwares* Bizagi e Visio – já citados anteriormente. O ideal é contar com profissionais especializados para a implantação da melhor ferramenta e para a adoção das técnicas corretas. É importante ter em mente que a escolha da ferramenta deve estar baseada nas necessidades da empresa e, ainda, no nível de conhecimento de quem vai estruturá-la e utilizá-la.

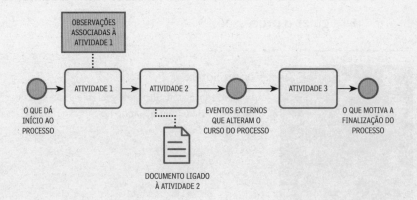

> Diagrama A: numa imobiliária, um documento ligado ao processo, como apresentado no modelo acima, poderia ser uma proposta de venda. Neste caso, o evento externo que influencia o fluxo do processo seria o aceite dessa proposta.

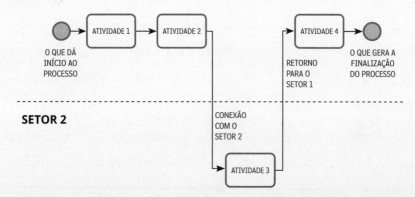

> Diagrama B: no contexto de locação, o setor 1 representaria a área comercial e o setor 2, a área administrativa. Assim, a atividade 2 seria a aprovação comercial de uma proposta fornecida por inquilino. E a atividade 3, a confecção do contrato decorrente da aprovação dessa proposta. Aqui, temos dois departamentos distintos atuando no mesmo processo.

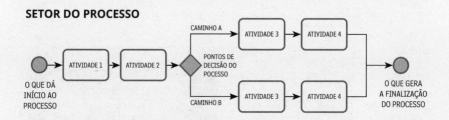

> Diagrama C: destaque para os pontos de decisão do processo. Um exemplo seria a chegada de um novo *lead*. Tratando-se de um *lead* "frio", seria encaminhado para a equipe de pré-venda; já um *lead* "quente" seria direcionado para a equipe comercial.

Todos os três diagramas aqui apresentados foram confeccionados e cedidos por Vivian Sousa, gentilmente, durante a construção deste livro.

Para Vivian, quando o colaborador não tem conhecimento desses sistemas, podem ser utilizadas opções menos complexas. "Nesse caso, é mais válido utilizar uma ferramenta como o Word, um programa com recursos mais básicos, mas que possibilita a organização por etapas como início, ações, entregas, ferramentas e anexos", mencionou.

Por outro lado, a especialista destacou que "a trajetória de estimular perguntas é essencial, mais importante do que o formato ou a ferramenta em utilização, porque sem as perguntas não se pode estruturar processos".

Fato é que o desenho de um determinado processo pode tornar a maneira de se fazer algo mais confortável e produtiva. Em outras palavras, o desenho de um processo pode melhorar a qualidade da execução de uma tarefa e reduzir custos.

Nos últimos anos, várias imobiliárias têm se utilizado do design de serviços para melhor estruturar seus processos e, por consequência, suas atividades. Em um breve resumo: profissionais com capacitação específica identificam o incômodo (a dor) dos usuários de determinado serviço; depois, mapeiam o que

> Com os diversos recursos, técnicas e ferramentas à disposição, é fundamental deixar de lado métodos unicamente intuitivos para a gestão de processos – algo que muitas imobiliárias acabam estabelecendo, como vimos em outros tópicos da nossa discussão.

já existe, com o objetivo de repensar o "como fazer", ou seja, melhorar os processos. Uma abordagem muito disseminada nesse sentido é o *design thinking,* método que busca solucionar problemas de forma colaborativa, tendo como foco as necessidades das pessoas envolvidas.

O mapeamento ocupa-se em descrever e criar manuais ou POP (procedimento operacional padrão), cada um relacionado à forma como se realizam os processos, com o objetivo de identificar padrões que possam ser seguidos pelas pessoas daquele local. Já os profissionais que atuam com *design thinking* conseguem enxergar as rotinas de uma empresa, e, com criatividade – e, principalmente, técnica –, repensá-las,

Habitualmente, quando se fala em design, vem à mente a ideia de desenho, algo relacionado a uma preocupação estética. Contudo o conceito de design vai muito além, uma vez que se trata do uso que se fará de algo. Ao pensar no design de uma roupa, a preocupação não deve residir somente na estética, o contexto de uso deve ser levado em consideração. Um traje para praticar esportes é diferente do uniforme de uma recepcionista, que é diferente de uma roupa social – pensando não somente na aparência, mas também no conforto e na locomoção, para citar alguns exemplos. Como bem pontuado pela escola Bauhaus, "a forma segue a função".

Na Alemanha entreguerras, a sede de revolução fez nascer a Bauhaus, escola de artes plásticas e arquitetura que transformou os conceitos vigentes e trouxe uma certa sensibilidade aos projetos. A escola unia experiências e talentos para pensar e produzir, afastando-se do pensamento industrial e levando em consideração as necessidades humanas. Um dos pilares da Bauhaus era colocar o design a serviço da funcionalidade. Uma cadeira não era apenas uma cadeira: os projetos tinham foco na função, prezando por simplicidade e conforto, sem deixar de lado a beleza e a inovação no desenho.

redesenhá-las, simplificando-as e tornando-as mais rápidas e inteligentes, para agregar valor ao serviço entregue.

Nesse sentido, novos processos podem ser gerados com base na atuação de grupos de trabalho e em dados obtidos por meio de pesquisas qualitativas com colaboradores, gestores e até clientes, a fim de romper com paradigmas e de repensar a maneira de se fazer algo com propósito claro de melhoria da experiência e de resultados mais eficientes – não apenas inovar por inovar.

É essencial considerar que o *design thinking,* enquanto técnica de ideação, tem total relação com a melhoria de processos. A experiência do cliente ou do usuário (no caso de sites e plataformas digitais) também se relaciona com a necessidade de mudança de processos. Para Vivian Sousa, é preciso atenção às movimentações de mercado para entregar ao cliente algo que atenda ao que ele busca.

Ela também chama a atenção para a necessidade de, no momento de pensar a melhoria de processos, trazer visões diferentes para a troca de ideias: um cliente atual, alguém que já foi cliente, alguém que nunca procurou ou nunca comprou um imóvel. E, dentro da empresa: pessoas com experiência em determinado processo, pessoas que nunca o executaram, pessoas que estão chegando, pessoas que não fazem parte do time. "Essas visões ajudam a construir um processo mais maduro e que realmente atenda às necessidades da empresa", observou Vivian. A partir disso, o *brainstorming* deve ganhar espaço, "com foco nos principais desafios, sem julgamentos", ponderou a especialista.

A natureza do mercado imobiliário

Outra técnica conhecida como "dinâmica dos cinco chapéus" também pode ser aplicada nesse momento. Por meio dessa dinâmica, cada participante fica com um dos "chapéus": 1) fatos e números; 2) emoção e intuição; 3) pontos positivos; 4) criatividade e novas ideias; 5) pontos negativos e perigos potenciais.

O amadurecimento e a reestruturação dos processos podem partir de várias dinâmicas. Esse olhar e essa busca por melhorias são extremamente necessários e, nessa frente, é essencial ter diferentes pessoas envolvidas.

No mercado imobiliário, um processo que muito se beneficia do *design thinking* é a esteira digital para locação. Muito já se evoluiu no processo de locação, mas o fluxo básico é o seguinte: intenção de alugar um imóvel > busca por anúncios > ida à imobiliária para pegar a chave > realização da visita > apresentação de documentos do locatário e de fiadores > análise cadastral > elaboração e assinatura do contrato > procedimentos cartoriais. É um processo longo e penoso.

E como atua o designer de serviços dentro de um contexto desse tipo? Simplificando processos. Vejamos o exemplo do AirBnb: a proposta consiste em ocupar um imóvel ocioso, viabilizando a locação do espaço por meio de tecnologia, realizando o bloqueio no sistema durante as datas em que o local estará ocupado. O processo ocorre de maneira prática e com um custo bem menor do que outras opções de hospedagem/acomodação numa determinada cidade, seja para turismo ou trabalho.

O mesmo ocorre com a Uber: é possível chamar um carro, otimizando o uso de veículos que estariam pouco ocupados, através de processos complexos de tecnologia, mas com facilidade de acesso pelo usuário.

Nos últimos anos – com atraso em relação a outros mercados, diga-se de passagem –, o mercado imobiliário vem repensando os seus processos, com a utilização de recursos como assinatura digital, garantia locatícia que envolve a análise de crédito por inteligência artificial, além de métodos que minimizam a necessidade de comparecimento à imobiliária.

> Dentre as práticas que surgiram como processos inovadores para otimizar a locação, podemos mencionar a utilização de *lockers* nos imóveis – pequenos armários inteligentes onde ficam guardadas as chaves, as quais são liberadas mediante identificação digital do cliente. Outra prática com objetivo semelhante é o *host*, uma pessoa chamada via aplicativo para abrir o imóvel e apresentá-lo ao cliente.

Ao contrário do que possa parecer, essa simplificação não vem apenas da tecnologia empregada. É essencial olhar para os processos em si. Numa imobiliária, o que está por trás da jornada de locação ou venda de um imóvel? Quais são as rotinas? Como acontece a conferência das informações? Existe um padrão de resposta ao cliente? Essas e outras respostas permitirão redesenhar os processos da imobiliária para que ela possa se adaptar à realidade em que seja possível alugar um imóvel em alguns minutos, "na palma da mão", com fluidez e praticidade, sem abrir mão da segurança.

DIFERENTES PROCESSOS PARA DIFERENTES CLIENTES

Num passado não tão distante, os anúncios de imóveis eram feitos em jornais. Para facilitar, era incluído o telefone do corretor, o que causava uma ausência de informações precisas sobre a mediação. Havia casos em que o corretor recebia o cliente e direcionava a negociação de forma particular ou até levava para outra imobiliária. Além disso, mesmo que se tratasse de um profissional comprometido com a imobiliária parceira, o corretor não costumava registrar as informações sobre os *leads* (algo que acontece ainda hoje), o que dificultava a construção de estatísticas que pudessem auxiliar em outras negociações. Ao longo dos anos, esse contexto foi identificado como um problema para os processos das imobiliárias.

Com a popularização da internet, os anúncios passaram a ser administrados por um setor de vendas, que geralmente fica responsável por receber o cliente, cadastrar suas informações básicas e, depois, repassá-lo ao corretor. Gradativamente, esses procedimentos foram melhorados até chegar ao que chamamos de qualificação do cliente, a partir do conceito de ilhas de pré-venda. A proposta é dispor de funcionários capacitados em técnicas específicas, que atuam no potencial daquele cliente para fechar o negócio.

Diante da nossa observação do mercado e da imersão em centenas de imobiliárias por quase 20 anos, percebemos que o processo de tomada de decisão dos clientes sobre a aquisição de um imóvel leva, em média, nove meses. Ocorre um amadurecimento daquele propósito, entre pensar em comprar um imóvel, obter informações sobre opções de crédito, avaliar o seu orçamento disponível, decidir entre casa ou apartamento, conversar com o(a) companheiro(a), entre tantas questões envolvidas. Se o corretor recebe essa pessoa ainda no início do processo, é possível que não haja a condução adequada (afinal, o objetivo do corretor é a venda) e termine por perder o cliente.

As ilhas de pré-venda têm como objetivo entender a jornada do cliente. Com método, processos e tecnologia (*inside sale*, SQL, MQL), compreendem a história do cliente, observam se a decisão será compartilhada com outras pessoas próximas ao cliente, auxiliam ativamente na preparação para a decisão de compra. Se o cliente ainda está no início do caminho, a pré-venda passa a nutrir o *lead*: como não há a ansiedade de efetivar a venda neste momento, dedica-se uma atenção às demandas com mais tranquilidade, prestando informações, apresentando opções de crédito, tirando as dúvidas. Esse cliente terá um relacionamento com a imobiliária ainda por algum tempo, ligado à ilha de pré-venda.

A natureza do mercado imobiliário

Aos poucos, o cliente passa de "frio" para "morno", depois "quente" (segundo os critérios de cada imobiliária), então a pré-venda encaminhará ao corretor, para que haja de fato a escolha do imóvel e a conclusão do negócio. Os funcionários da imobiliária responsáveis por essa área são um misto de administrativo e comercial, têm uma remuneração fixa e são comissionados, já que também geram vendas.

PROCESSOS DE VENDA E DE LOCAÇÃO: ESPECIFICIDADES E SEMELHANÇAS

Na nossa vivência profissional em empresas do mercado imobiliário, observamos que existe algo curioso que diferencia a lógica da venda e da locação e, ao mesmo tempo, um ponto que as aproxima.

Quando o cliente pretende comprar um imóvel, é comum pensar de forma mais definitiva, com fatores mais complexos considerados na escolha, porque a ideia é viver naquele local por bastante tempo. Então, ainda que o processo seja lento ou difícil, torna-se algo tolerável, considerando que os percalços passarão, a venda logo estará concluída e o cliente finalmente será proprietário do imóvel que escolheu.

Já quando o assunto é a locação, o cenário muda. O aluguel é transitório por definição, portanto se um imóvel está "dando muito trabalho", é considerável a chance de passar para o próximo da lista. Se o possível inquilino não receber um bom atendimento, ele irá para outra empresa. Quando não há exclusividade, isso acontece com ainda mais facilidade, bastando ir para outra imobiliária ou corretor que esteja anunciando o mesmo imóvel.

Até a primeira década dos anos 2000, a excelência nos processos era direcionada aos clientes que pagam a comissão: os proprietários de imóveis. Os processos de atendimento aos clientes que irão ocupar o imóvel (locatários ou compradores) eram quase sempre negligenciados. Já mais recentemente, a facilidade de encontrar um outro imóvel de interesse e a significativa "migração" de clientes insatisfeitos com o atendimento foram quesitos que afetaram diretamente a forma de olhar para os processos de locação nas imobiliárias.

Por outro lado, nos últimos anos, o atendimento é uma área que vem ocupando um lugar de maior prioridade nas empresas, ainda que de forma gradativa. Em conversa conosco durante a construção deste livro, Admar Cruz, do QuintoAndar, resumiu bem a importância dessa questão: "Tem uma coisa que não muda, que é todo mundo querer ser bem atendido. Todo mundo quer ter uma boa experiência".

E muito de uma boa experiência passa também pelo pré-atendimento. Para Admar, essa etapa é um item essencial no planejamento do QuintoAndar e precisa estar na "lista de compras" de qualquer gestor imobiliário.

O PRÉ-ATENDIMENTO

Estruturar o pré-atendimento de uma imobiliária pode envolver a criação de novos fluxos, a contratação de novos sistemas ou a inclusão de novas pessoas na organização. E é evidente que todo novo processo gera incertezas, tanto à equipe de gestão quanto à equipe operacional. Apesar desses desafios, investir na relação com os clientes em sua jornada de compra ou locação é algo que tem o potencial de proporcionar melhores resultados aos times comerciais e administrativos – por consequência, à empresa como um todo.

Sobre novos processos envolvendo pré-atendimento, Admar também nos apresentou um pouco da sua experiência:

"Criamos um time de *backoffice* que entregava a visita marcada e ajudava o corretor no acompanhamento. Isso foi uma quebra de paradigma muito grande, porque a maioria das imobiliárias tinha medo de custo fixo, e quando você internaliza o processo, você traz o custo fixo à tona", comentou Admar, que ainda complementou: "Venda é aquele negócio: 'e se eu não vender?' E aí a gente colocou no coração, porque não tem essa opção de não vender. Você tem custo fixo, você tem de vender. A gente tirou isso da cabeça e assumiu o custo fixo, para dar apoio aos corretores associados. Lembro que, ao assumir a diretoria, a gente fazia 40, 50 vendas por mês. Depois, a gente passou a fazer 400 vendas por mês. É multiplicado. É muito aquela questão de trocar o pneu do carro com ele andando. (...) E a gente resolveu enfrentar os desafios dessa mudança".

ESTRUTURANDO O PRÉ-ATENDIMENTO

Para colher os frutos citados por Admar, é necessário que o gestor e toda a equipe compreendam a importância de estruturar os departamentos de atendimento da imobiliária ou incorporadora. Nesse processo, a etapa de pré-atendimento deve ser vista como uma estratégia de otimização da eficiência da equipe e do investimento feito em marketing, que surtirá um impacto positivo no objetivo final da empresa, seja em locação ou venda.

Vamos aplicar aqui uma rápida reflexão: se uma imobiliária consegue atrair vários *leads*, mas não consegue monitorar, o que acontece com esses contatos? Quem atendeu? Como foi o atendimento? Qual o perfil dos clientes? Quais dores eles trazem? Qual solução podemos oferecer? Essas perguntas podem ser respondidas com um bom processo de pré-atendimento.

Para **Guilherme Blumer,** consultor de negócios e especialista no mercado imobiliário, o grande ponto do pré-atendimento é a receptividade. E para implementar uma estrutura de pré-atendimento eficiente, é fundamental ter uma equipe qualificada e departamentos especializados, como equipes de MQL (*Marketing*

Guilherme Blumer
Publicitário, especializou-se em marketing voltado para o mercado imobiliário. Com mais de 15 anos de experiência e passagem por grandes incorporadoras, CRMs, portais e grupos imobiliários.

Qualified Leads) e SQL (*Sales Development Representative*), de modo a direcionar o *lead* ao fluxo correto.

"A maioria das empresas do mercado manda o *lead* para o corretor da vez, mas às vezes esse corretor está fazendo uma outra coisa, ou o tempo de respostas dele não é o ideal, ou ele está trabalhando numa proposta e vai deixar esse *lead* para atender depois", refletiu Guilherme sobre esse tema, em conversa para a construção deste livro.

Uma estimativa importante citada por Blumer é que a cada 100 *leads* gerados no mercado imobiliário, cerca de 56 interagem de fato com alguém, o que representa uma perda de quase 50% dos *leads* somente na primeira etapa de um processo de funil. Para evitar isso, o ideal é construir times que façam um primeiro atendimento e entendam a necessidade de cada cliente, para, somente depois, acionar o corretor de imóveis.

Um caminho seguro que pode ser adotado no processo de pré-atendimento é utilizar o time de MQL no primeiro contato com o *lead*, para entender as particularidades dele e avaliar o cenário. Esse time é quem encaminha para o corretor (SQL) a visita física já agendada, com um *briefing* completo sobre o cliente. "É nessa visita que o corretor começa a interação com esse cliente. Esse é um nível um pouquinho mais maduro de pré-atendimento, que foi criado para a gente ter uma perda menor nas primeiras etapas de um funil de conversão", explicou Guilherme.

"Cada vez mais a tecnologia nos empodera. E quando ela empodera os consumidores, a gente precisa de uma velocidade maior para atender os *leads*. Assim, as empresas começaram a construir times de pré-atendimento que visavam primeiro um SLA fantástico, para que o volume de *leads* existente tivesse um nível de atendimento equivalente", afirmou o especialista.

Além da estruturação do departamento de pré-atendimento, é importante que as pessoas envolvidas nesse time possam avaliar os resultados obtidos. Para isso existem os KPIs (indicadores-chaves de desempenho), termo bastante conhecido no marketing. Se o departamento estiver bem estruturado, fica mais fácil definir os KPIs e obter os resultados reais.

Como exemplo dessa estruturação, podemos olhar para os departamentos de marketing e atendimento. Enquanto o departamento de marketing gera tráfego, atração de pessoas e aquisição de *leads*, o departamento de atendimento vai se debruçar no trabalho de conversão.

Nesse contexto, há cinco indicadores primordiais para serem acompanhados com frequência. O primeiro deles é a mudança do status

> SLA é a sigla para o termo em inglês Service Level Agreement, que significa Acordo de Nível de Serviço. E por "nível de serviço" entende-se a qualidade com que ele é entregue. Na prática, os SLAs, em geral, estabelecem critérios objetivos para isso. Exemplo: ao hospedar o site de uma imobiliária, entende-se que é impossível mantê-lo 100% do tempo no ar – sempre haverá algum infortúnio. Então, pode ser oferecida a disponibilidade garantida de 97% por mês.

do *lead* para atendimento, que é uma métrica do marketing. "Uma vez que se tem uma quantidade de *leads* na base, o time do marketing, em tese, trava o seu serviço, trava o seu processo. É quando o MQL passa a receber os *leads* e gerar atendimentos. Com equipes bem estruturadas, o time de atendimento vai tentar gerar agendamentos, oportunidades", explanou Guilherme Blumer.

O segundo e o terceiro indicadores são métricas de responsabilidade do time de MQL: quando o possível cliente migra do status de atendimento para agendamento e, depois, de agendamento para visita realizada. De acordo com Blumer, a jogada de destaque nesse processo é garantir que a visita seja de fato realizada. "Aqui os MQLs vão olhar quantos agendamentos eles fazem e se há quebra de agendamento. O cliente realmente foi? A visita realmente aconteceu? Isso precisa ser visto antes de proceder com a próxima etapa", afirmou.

Por fim, o quarto e o quinto indicadores passam a ser acompanhados pelo time SQL: contatos que migram de visita para a proposta realizada; e de proposta para venda. "É preciso entender bem o que precisa ser feito até chegar à proposta para o cliente. Quantas visitas um SQL precisa fazer para gerar uma proposta? E quantas propostas levam a uma venda fechada? É aqui que conseguimos avaliar melhor o corretor, o SQL", destacou o especialista Blumer.

TECNOLOGIA

Como já discutimos, o mercado imobiliário atua como intermediário de dois grupos com objetivos antagônicos: locadores/vendedores versus futuros inquilinos/compradores. Essa característica impacta diversos aspectos do mercado (questões tributárias, oferta e demanda, viabilidades construtivas, meios de pagamento, urgência de fechamento etc.), o que, por sua vez, exige o desenvolvimento de diferentes relatórios, rotinas, funcionalidades que se propõem a apoiar os processos e as operações das empresas desse setor.

Quando falamos na eficiência de soluções de tecnologia para o mercado imobiliário, é necessário que o *software* atenda à pluralidade, complexidade e peculiaridade desse setor. Grandes empresas já tentaram utilizar ou adaptar algum tipo de tecnologia advinda de outra área e tiveram insucesso. Diversos *softwares* de CRM, ERP e *White Label* foram introduzidos na gestão do mercado imobiliário, mas não ofereceram satisfatória aplicabilidade.

Para explanar melhor, vamos retomar o nosso exemplo da abertura de uma farmácia, que mencionamos nos capítulos iniciais. Neste caso, é comum que sejam adotados sistemas de informação para auxiliar na cadeia logística, na gestão do estoque, na tributação, em todos os processos da administração. Para o mer-

A natureza do mercado imobiliário

cado imobiliário, no entanto, não há sistemas genéricos que atendam à especificidade das demandas, que são inúmeras: dar publicidade a imóveis, produtos particulares, gerar *leads* de interesse, intermediar demandas distintas, fechar negócios, gerir contratos. Há uma série de etapas na negociação de imóveis para locação e venda que não se assemelham a nenhum outro mercado, e isso inviabiliza a utilização de sistemas que possuam requisitos genéricos.

O mercado imobiliário mostra-se inóspito para a customização ou adaptação de sistemas. É essencial que tecnologias sejam desenvolvidas para o mercado imobiliário a partir do mercado imobiliário.

> • CRM é a sigla usada para *Customer Relationship Management* e se refere ao conjunto de práticas, estratégias de negócio e tecnologias focadas no relacionamento com o cliente. Para fazer a gestão desse relacionamento, as empresas contratam *softwares* capazes de analisar as interações com o cliente, permitindo antecipar necessidades e desejos do seu público-alvo, otimizar a rentabilidade, as vendas, e personalizar campanhas de captação de novos clientes.
>
> • ERP (*Enterprise Resource Planning*) é um sistema de gestão empresarial que utiliza inteligência artificial e automação de ferramentas para centralizar e integrar processos e informações dos mais diversos setores de uma empresa. Um ERP visa facilitar a gestão de processos, projetos e de pessoas.
>
> • *White label*: expressão que pode ser traduzida como "etiqueta branca", trata-se de um produto ou serviço desenvolvido por determinada empresa, que pode ser vendido e utilizado por outras empresas ou pessoas físicas mudando a marca, sem divulgação dos direitos autorais, para fazer com que pareça que eles o fizeram.

As questões específicas desse mercado devem ser tomadas como norte para as escolhas tecnológicas de qualquer imobiliária.

Rosângela Castro enfrentou esse desafio na sua operação em Teresina, no Piauí. Houve muita dificuldade na implementação de tecnologias na sua praça, seja por baixa efetividade dos clientes, seja por baixa sinergia com sua equipe. Depois de muitos testes, sua operação se sistematizou e está alçada na tecnologia. "Os gerentes e as equipes mostram os números, quantas visitas, quantas vendas a ferramenta está trazendo", comentou Rosângela, que passou a realizar reuniões e acompanhar de perto o andamento do seu funil de atendimento e conversão.

SOFTWARES DE TERCEIRIZAÇÃO

A tecnologia possibilita também a terceirização de serviços no ramo imobiliário. **Lucas Madalosso,** CEO da Refera – *startup* que oferece gestão de manutenções imobiliárias por meio de aplicativo –, aplicou a ferramenta para conectar empresas, prestadores de serviços e clientes. Ele acredita que a imobiliária deve estar focada no fortalecimento de marca e outros pontos que fazem parte da atividade principal da empresa, como atendimento, relacionamento e gestão comercial. "Todo serviço que não estiver diretamente ligado ao core da imobiliária deveria ser terceirizado", afirmou Madalosso em entrevista ao autor deste livro.

Para Madalosso, que foi dono de imobiliária por 17 anos, a lista de serviços que podem ser terceirizados abrange: fotos

Lucas Madalosso
CEO e sócio da Refera, a plataforma de manutenções do mercado imobiliário. Foi dono de imobiliária por 17 anos, tendo criado uma das primeiras imobiliárias digitais de locação do Brasil.

Daniel Claudino

e vídeos dos imóveis, fixação de placas, análises de crédito, garantias, serviços de cobrança, desenvolvimento de tecnologia e automação, além das manutenções e reformas.

Ele também ressaltou que, mais recentemente, há um serviço sendo testado por alguns *players* de mercado, em que toda a gestão pós-contrato é terceirizada para uma espécie de BPO. "É uma proposta complexa de ser entregue com qualidade, mas acredito que alguns terão sucesso, mediante a aplicação de muita tecnologia e bons processos", completou Lucas.

Outro empreendedor que compartilha dessa visão é **Enrico Dias**, então CEO e diretor executivo do Grupo RV – Rede Vistorias. Em entrevista durante a escrita deste livro, ele destacou que a transação imobiliária – compra, venda ou aluguel – costuma acontecer em um momento singular da vida das pessoas, como casamento, nascimento de um filho, separação. "Por trabalhar em momentos marcantes, você tem que gerar uma experiência inesquecível. E é impossível gerar uma experiência inesquecível quando você entra na zona de conflito. E a vistoria é uma zona de conflito", ressal-

Enrico Dias

Engenheiro de Telecomunicações, empreendedor serial e aficionado por esportes de aventura. Tem sua motivação na busca de desafios. Encontrou no universo das *startups* sua essência e acredita que empreender é construir o futuro. Atua como CEO da *startup* Rede Vistorias, que é um case de grande sucesso no Brasil.

A natureza do mercado imobiliário

tou. Dias recomenda a terceirização do processo, pois acredita que isso contribui para que a imobiliária possa focar na experiência, "marcar a vida desse cliente e efetivamente gerar mais negócios com essa família", salientou.

> BPO (Business Process Outsourcing) é a terceirização de processos de negócios que usam intensamente a tecnologia da informação. Dada a proximidade do BPO à indústria da TI, também é classificado como um serviço de tecnologia da informação ou ITES, sigla em inglês.

Com isso, conhecemos dois exemplos do uso da tecnologia para possibilitar a terceirização de serviços, com o intuito de facilitar processos e tornar a rotina imobiliária mais fluida e eficaz.

> A Rede Vistorias é uma plataforma de serviços que oferece, por meio de tecnologia própria, vistorias profissionais, seguros e esteira de processos para imobiliárias, condomínios, construtoras, redes de lojas etc.

A RELAÇÃO DO MERCADO COM A TECNOLOGIA

Ao longo dos nossos anos de atuação junto às imobiliárias, observamos que o mercado imobiliário costuma estar atrasado em relação a novas tecnologias. Numa realidade em que um aplicativo nos permite, em poucos minutos, conseguir um carro para nos levar a um destino, soa absurdo passar horas em filas de cartório para assinar um contrato. As pessoas se acostumaram rápido às facilidades e fazem associações com o que veem em outros setores.

Não precisamos mais esperar o intervalo de um filme para ir ao banheiro, porque é possível pausar. Se compramos algo pela internet, mesmo que o produto esteja do outro lado do país, é possível receber em um ou dois dias. Enquanto isso, para alugar um imóvel, é comum haver muitas etapas que demandam tempo. Isso é inconcebível e estressa o mercado.

Rafael Roda, empresário atuante em Brasília (DF), fundador e sócio-diretor da TRK Imóveis, conversou conosco durante a construção deste livro e trouxe a sua visão sobre o assunto. "O mercado imobiliário vinha evoluindo pouco ou quase nada, foi o que observei até recentemente, desde que entrei para a atividade imobiliária. Um mercado que fazia mais do mesmo a vida inteira. Agora, com relação ao que estão chamando de 'revolução digital', digitalização – mas que, para mim, é muito mais um fenômeno da concorrência das empresas que não são imobiliárias, empresas de *softwares* e tecnologia entrando no segmento imobiliário –, todo mundo teve de levantar da cadeira", considerou Rafael.

Ir a cartórios, buscar uma chave na imobiliária, esperar dias para aprovação de um crédito para compra ou para aprovação de um cadastro para fiança: essas ações se tornaram indigestas para os clientes, que se habituaram a um mundo de facilidades em todas as outras formas de se consumir algo. Por isso, nos últimos anos, as soluções de tecnologia para o mercado imobiliário têm sido concebidas para tornar mais fácil, rápido e prático o caminho até fechar o negócio.

"Com esse movimento das *startups*, capital ilimitado e tecnologia de ponta voltada para o mercado, houve, de fato, uma grande revolução. As imobiliárias realmente se modernizaram em termos de tecnologia. Eu acho que ainda tem muito a ser feito, ainda tem muita coisa que é feita como no passado, mas foi uma grande mudança, a meu ver. Antes desse movimento, era mais do mesmo, sempre igual a muitos anos atrás", concluiu Rafael Roda.

Rafael Roda
Administrador de empresas, com pós-graduação em Gestão Estratégica. Tem experiência em varejo, finanças, operação, gestão, fusões e aquisições, auditoria e controladoria. No mercado imobiliário, se destaca em áreas como operação, estratégia e liderança.

SOLUÇÕES DE TECNOLOGIA PARA O MERCADO IMOBILIÁRIO

É relevante frisar que a aquisição de um imóvel tem uma natureza diferente de outros negócios. Inúmeros fatores podem fazer a diferença na escolha de um imóvel: a localização da rua, materiais de acabamento, quantidade de vagas de garagem, até a passagem de uma corrente de ar pela cozinha. Por isso, nas decisões sobre morar, o componente emocional possui grande relevância. Escolher um novo lar é diferente de escolher um apart-hotel para uma breve temporada. A natureza da moradia envolve muito mais subjetividade do que racionalidade. As soluções de tecnologia para o mercado imobiliário precisam considerar esses fatores ou dificilmente irão vigorar.

Um exemplo nesse sentido é o *tour* virtual. Esse foi um recurso que "não pegou", num primeiro momento, talvez por ter a proposta de substituir a visita presencial. No entanto, ao longo do tempo, essa solução foi aprimorada e passou a ter mais adesão, estimulando a visita ao imóvel, ao invés de substituí-la.

Com um grande impulso da pandemia de Covid-19, que nos tracionou para o mundo virtual a fim de estarmos próximos dos clientes, deu-se o *boom* das facilidades online, e não foi diferente no mercado imobiliário. Em especial nos anos de 2020 e 2021, por conta do isolamento sanitário, a suspensão de atendimentos presenciais acelerou o desenvolvimento e a aplicação de soluções online para que os negócios imobiliários pudessem prosseguir: aplicativos de atendimento e de assinatura digital, chamadas de vídeo, gravação do espaço, o próprio *tour* virtual (ou *tour* 360º) – que passou por evoluções –, entre outras alternativas.

Muitas dessas facilidades permaneceram fortalecidas e presentes no mercado, com grande relevância junto às empresas e aos clientes. Um excelente exemplo nos foi apresentado por **Alfredo Freitas,** proprietário da Nova Freitas Imóveis, imobiliária que realizou, em 2022, as vendas de três lançamentos da construtora Patriani, na cidade de São José dos Campos (SP).

Além de toda a imersão completa nos empreendimentos (Epic, Mirai e Allure, todos na Vila Ema), Alfredo nos relatou que foi colocada à disposição dos clientes uma espécie de elevador virtual, em que o cliente pode apreciar, em 360 graus, a vista que

Alfredo Freitas
Economista e sócio-diretor da Nova Freitas Imóveis. Atua no mercado imobiliário de São José dos Campos, Vale do Paraíba e Litoral Norte (SP) há 44 anos.

o empreendimento terá em suas diferentes faces. Essa tecnologia também foi empregada utilizando óculos de realidade virtual (VR), para uma experiência de imersão na casa ou escritório do cliente atendido. A propósito, para quem se interessa por essas soluções, é um case em que vale a pena aprofundar-se.

Esse é apenas um exemplo da aplicação do *tour* virtual e sua reformulação nos últimos anos; diversas imobiliárias nos quatro cantos do Brasil passaram a utilizar esse artifício para se manterem competitivas.

A concepção de soluções de tecnologia tem como objetivo, de maneira geral, facilitar e/ou democratizar a experiência do cliente/usuário de um serviço. No caso que mencionamos nos parágrafos anteriores, embora seja um consenso que a visita ao imóvel representa parte essencial na negociação, nada impede que a tecnologia nos ofereça alternativas, em especial quando se tratam de imóveis adquiridos na planta. Contudo, a tentativa de virtualizar esse momento é uma tarefa complexa, uma vez que a visita presencial é praticamente insubstituível, sendo, por vezes, inimaginável para parte do público consumidor. Essa é mais uma questão que demonstra o quanto é imprescindível que os empreendedores entendam as especificidades desse mercado.

Três aspectos da tecnologia no mercado imobiliário são particularmente desafiadores para quem empreende em um ramo tão tradicional:

A natureza do mercado imobiliário

1. Os paradigmas tecnológicos mudam.

Todo dono de imobiliária procura uma tecnologia definitiva para sua empresa. O objetivo é encontrar um sistema ou fornecedor que, uma vez contratado, faça o empresário "não se preocupar mais". Ocorre que isso é quase impossível. Sempre surgem novas tecnologias e novos desafios – e, sim, você (empreendedor) terá que rever tudo, já que todas as soluções tecnológicas estão interligadas.

2. Um único fornecedor não atenderá às suas demandas a contento.

Outra expectativa que dificilmente será atendida – e que observamos nesses longos anos de consultoria para imobiliárias –, é a de que uma única empresa, com a qual se estabelece uma relação de afinidade e confiança, proverá todas as soluções para todos os seus negócios. Um fornecedor que tenha a melhor solução de CRM para vendas e locação, administração de aluguel, site, gestão corporativa (pessoas, financeiro etc.), soluções de terceirização (vistoria, manutenção), SDR (pré-vendas), entre outras tantas possibilidades. Em regra, um fornecedor sequer terá opções para todas essas áreas e, se tiver, provavelmente será muito bom em uma delas e nem tanto nas outras.

3. M&A são constantes.

Mergers & Acquisitions, do inglês, "Fusões e Aquisições", são prática comum nesse novo mundo "startupiano". Como vimos, alguns grandes *players* de mercado ora são concorrentes, ora fornecedores. Como consequência, as imobiliárias temem passar suas informações para soluções dessas empresas, uma vez que não está claro se são parceiros ou ameaças. Por outro lado, como escapar ao fato de que uma empresa parceira, de menor porte, a qualquer momento pode ser adquirida por um "tubarão" do mercado?

Um exemplo desse fenômeno foi o CredPago. A empresa foi uma grande parceira das imobiliárias, modernizando e facilitando o processo de locação das imobiliárias, mas foi adquirida pela Loft, empresa do setor que também adquiriu imobiliárias, ou seja, concorrentes. Outro caso emblemático foi o grupo OLX, que adquiriu o Zap. Este, por sua vez, passou a utilizar dados estatísticos de seus anunciantes para fazer negócios.

Fato é que, nos últimos anos, os mercados se tornaram uma espécie de "xadrez 4D", com uma verdade que não se pode mais ignorar: para se ter uma imobiliária moderna, atualizada e escalável, será preciso fazer negócios bem-sucedidos com *proptechs* pela manhã e estudar uma forma de concorrer em outros negócios com elas à tarde.

CATEGORIZAÇÃO DAS SOLUÇÕES DE TECNOLOGIA

> A esta altura do nosso livro, você, leitora/leitor, certamente pôde perceber a recorrente contribuição de empreendedores e especialistas com os assuntos abordados, através de opiniões, exemplos e relatos de caso. Acreditamos que uma abordagem mais completa e real se faz na união entre a teoria, a análise especializada e a experiência prática de quem vivencia cada conceito em seu cotidiano.
> Para alguns tópicos, no entanto, a nossa experiência de inserção no mercado nos indicou a necessidade de uma análise mais apurada por parte de um especialista. Então, convidamos pessoas com relevância em teoria e prática para contribuir com a construção do nosso conteúdo. É o caso deste tópico, para o qual convidamos o professor Rafael Aquino.

Em entrevista concedida para a produção deste livro, **Rafael Aquino**, então *head* de Tecnologia e Dados na Agência CUPOLA e professor da Fundação Dom Cabral, salientou que o

Rafael Aquino
Empreendedor e entusiasta da gestão orientada a dados e desenvolvimento de liderança. Atual Advisor da CUPOLA. Atuou como Head de Tecnologia e Dados em empresas do mercado imobiliário e como professor na Fundação Dom Cabral (FDC).

uso da tecnologia e a adoção de *softwares* evoluíram no mercado imobiliário após o surgimento de grandes empresas como o QuintoAndar – *startup* que surgiu como alternativa inovadora para a negociação de imóveis, com base em processos digitais. A chegada desse *player*, em dezembro de 2012, estimulou um movimento de transformação no setor imobiliário, fazendo com que o mercado passasse a atuar de maneira mais tecnológica e objetiva, visando tornar os processos menos burocráticos.

Para melhor entendermos como a tecnologia da informação pode interferir nos negócios imobiliários, Aquino sugere uma classificação por categorias dos sistemas tecnológicos adotados no setor. Essas categorias foram enumeradas por ele a partir de uma pesquisa, sob sua coordenação, feita na CUPOLA – consultoria de gestão e agência de marketing digital para o setor imobiliário.

A pesquisa Panorama de *Softwares* em Imobiliárias (PSI), edição 2022/2023, foi disparada para a base de contatos do Imobi Report/CUPOLA, SECOVI-PR, SECOVI-SP, CRECI-DF, PORTO e GRUPO RV. A pesquisa obteve 324 respostas, das quais 288 foram consideradas válidas. Nela, os participantes avaliaram os *softwares* e plataformas digitais que utilizavam, deram notas de satisfação pelo método NPS (*Net Promoter Score*), informaram se pretendiam trocar de sistema ou eliminar de sua operação. Aquino contou que mais de 150 *softwares* foram citados. Algumas dessas ferramentas foram criadas especificamente para o mercado imobiliário, enquanto outras foram adaptadas. A lista dessas oito categorias, reproduzidas neste capítulo, consiste no ranking das tecnologias mais utilizadas. A seguir, apresentaremos essa classificação e um breve resumo do que cada categoria propõe.

1. CRM

Softwares de CRM (*Customer Relationship Management*) são a primeira categoria quando se trata de tecnologia no mercado imobiliário – essa foi a ferramenta mais citada pelos participantes da pesquisa. Plataforma de gestão de relacionamento com o cliente, o CRM é voltado ao acompanhamento em 360º das negociações em andamento na imobiliária. Permite centralizar as informações (incluindo dados e relatórios) dos departamentos de atendimento, marketing e vendas e, ainda, gerar *insights* para os times envolvidos nas etapas de compra e locação de imóveis. Objetiva a automatização e otimização de todos os processos, gestão de *leads*, funil de vendas, e viabiliza a integração com plataforma de anúncios. Assim, consiste em uma ferramenta crucial para uma imobiliária, contribuindo com a rentabilidade e o sucesso nas interações com clientes.

2. ERP

O ERP (*Enterprise Resource Planning*) é a segunda categoria de sistemas tecnológicos para imobiliárias – apesar de a sigla sequer ser reconhecida no mercado, conforme destacou Aquino. "Ele é identificado como sistema de administração de locação ou de gestão financeira", observou. Mas o ERP é mais do que isso: é um software destinado à gestão dos processos administrativos e financeiros da empresa, funciona como um banco de dados de todos os setores da organização, que visa simplificar a rotina e facilitar a tomada de decisões estratégicas. Esse tipo de ferramenta oferece a automação de processos, integração de dados, controle de atividades e acompanhamento de desempenho, por meio de relatórios e *dashboards*, possibilitando uma melhor gestão da imobiliária.

3. Softwares de captação de imóveis

Esse tipo de *software*, que aparece como a terceira categoria, abrange aqueles que funcionam com um sistema de *data scraping*, ou seja, que fazem uma raspagem de dados – processo conhecido no mercado imobiliário como busca inteligente de proprietários. São plataformas com o intuito de melhorar a eficiência e a produtividade da imobiliária, potencializando negócios por meio da obtenção de dados de páginas da internet. As marcas desses *softwares* citadas na pesquisa, de acordo com Aquino, tiveram avaliação insatisfatória. De qualquer maneira, a solução foi apontada como adotada por 44% dos participantes.

4. Plataformas de Inbound Marketing

Nessa categoria, estão incluídos os *softwares* de nutrição de *leads*, que propõem a criação de estratégias de marketing digital para descobrir e qualificar clientes em potencial. O RD Station foi a plataforma mais citada na pesquisa coordenada por Aquino – 79% dos participantes utilizam a ferramenta. No total, 13 *softwares* foram mencionados. Por meio desse tipo de plataforma, a empresa pode criar conteúdo estratégico para atrair e converter clientes utilizando o envio de e-mails. O fluxo de e-mails é criado com base no funil de vendas e voltado a atrair, converter, relacionar, vender e analisar. Além de manter a comunicação com sua base de clientes, o foco do *Inbound* Marketing é facilitar o próximo passo na jornada de compra.

5. Esteira digital

Entram nesse grupo as plataformas destinadas a cuidar das etapas da jornada do cliente, seja na compra, seja na locação de um imóvel, assim como na fase de pós-venda. A meta é organizar processos e facilitar o acompanhamento das etapas. Nenhuma plataforma ficou em destaque na pesquisa, mas apareceram nomes como Soltec, Zap Way e Trello.

6. Gestão de leads

A gestão de *leads* também é uma proposta do CRM – apresentado na categoria 1 –, mas 25% das imobiliárias que participaram da pesquisa apontaram o uso de uma ferramenta específica para esse propósito. Esse tipo de sistema garante a gestão de contatos para imobiliárias que buscam agilizar o atendimento dos clientes e, ainda, aumentar as vendas. A C2S é a mais difundida no mercado, conforme apontam os resultados levantados por Rafael Aquino.

7. Gestão de chamados

Essa categoria de *softwares* é utilizada por 28% dos participantes da pesquisa realizada pela CUPOLA e consiste em ferramentas digitais que visam à organização e à centralização da comunicação com os clientes da imobiliária. São plataformas que permitem registrar vários tipos de contato, tanto para atendimento prévio quanto para informar a solução da solicitação. Inclui questões como solicitação de segunda via de boleto, manutenção do imóvel, reclamações, dúvidas etc. É uma ferramenta considerada de suma importância para promover agilidade e eficiência à imobiliária. O processo automatizado de gestão de chamados inclui a centralização dos canais de atendimento, a definição de prioridades na execução, bem como a localização do status das demandas. Permite ainda a correção de falhas, a análise de dados e a humanização do atendimento.

8. Integradores

Ferramentas de integração de *softwares* são adotadas por 25% dos participantes da pesquisa conduzida pelo professor Aquino. Para a escolha dessas plataformas, o primeiro passo é avaliar o CRM, observando quais integrações são viabilizadas ou permitidas pelo sistema contratado. Nessa perspectiva, um CRM deve ter, por exemplo, integração com portais imobiliários para gerenciamento dos anúncios publicados. A recomendação é optar por integradores quando realmente for necessário para o perfil da imobiliária e manter a atualização e a manutenção dos sistemas. "Alguns integradores também permitem a conexão automática com *leads* oriundos de formulários de *sites* ou de *landing pages* de lançamentos imobiliários e também de mídias sociais, como Facebook Ads e Google Ads.", complementou Rafael.

Ao finalizar a apresentação dessas categorias para a produção deste conteúdo, Rafael Aquino concluiu que os *softwares* mais bem avaliados e difundidos são aqueles que facilitam a coleta de dados e que geram bons relatórios para a tomada de decisão.

De nossa parte, acreditamos que as novas gerações de gestores estão mais focadas em novas tecnologias, principalmente aquelas relacionadas ao conceito de *data driven*, ou seja, ferramentas que possibilitem a organização de processos orientados por dados.

> *Data driven*, em tradução livre, trata da gestão orientada por dados. É um conceito estratégico no mundo dos negócios, que relaciona a tomada de decisões à análise e interpretação de dados.

Essas tecnologias são consideradas cruciais para o planejamento estratégico quando nos referimos a esse novo perfil de gestores.

Aquino refletiu, em nossa conversa, se o termo "*data driven*" realmente se aplicaria ao mercado imobiliário, visto que a sua origem vem do segundo setor – a indústria. "Nessa ótica, uma linha de produção pode ser interrompida se, por exemplo, surgir alguma anomalia – como a temperatura de um ambiente ou qualquer outro padrão que não esteja de acordo com um parâmetro desejado. Já no mercado imobiliário – ou seja, setor de serviços –, talvez o termo a ser cunhado seja "*data oriented*". O primeiro é dirigido pelos dados, este último seria orientado por dados", argumentou.

DESENVOLVIMENTO PRÓPRIO

É comum grandes empresas desenvolverem sistemas por conta própria. Isso lhes é conveniente, já que o software acaba sendo feito sob medida para suas necessidades e objetivos estratégicos. Além disso, a exclusividade dessas soluções pode representar um diferencial competitivo.

A natureza do mercado imobiliário

Todavia, algumas observações se fazem necessárias aqui:

- Mesmo grandes corporações, nos mais diversos ramos de atividade, não têm como atividade-fim a produção de tecnologia, que requer especialidades e conhecimentos bem particulares;
- Desenvolver um *software* exige, em regra, suntuosas somas de investimento;
- Não raro, essas soluções podem, no fim, não atender às expectativas de prazo e/ou de funcionalidades desejadas.

Olhando para as imobiliárias e os corretores, percebemos rapidamente que as observações acima quase os tiram desse "jogo". Ainda mais se considerarmos mais dois aspectos:

- **As imobiliárias e os corretores aprendem com os erros uns dos outros**

    Os sistemas voltados para as imobiliárias normalmente são desenvolvidos com um *backlog* de solicitações de milhares de imobiliárias e corretores. Eles basicamente especificam o que precisam de melhorias, e as solicitações mais pedidas são priorizadas. Ou seja, aprendem com as solicitações uns dos outros.

- **O mercado imobiliário explora vários negócios**

Especificar e desenvolver um sistema, como já dito, é complexo e arriscado. Imagine um que começa pensando em vendas de imóveis, depois já considera locação, administração de condomínio, lançamentos na planta, entre outras particularidades.

Em suma, embora haja quem opte por fazê-lo, não é nada convidativo desenvolver um sistema próprio para um empreendimento do ramo imobiliário.

A Apolar Imóveis, de Curitiba-PR, por exemplo, decidiu percorrer esse caminho. Tratando-se de uma empresa franqueadora, fazia todo o sentido desenvolver um sistema próprio. Afinal, um dos diferenciais de uma franquia, não importando o ramo de atividade, é oferecer *know-how* através de treinamentos, incluindo um sistema de informação que automatize boa parte das atividades. Além disso, a escalabilidade e o investimento de dezenas de franqueados tornam mais viável, financeiramente, o desenvolvimento de CRMs e ERPs, além de resolver outro problema que mencionamos há pouco: mais franqueados, mais cabeças pensantes, mais ideias e aprendizado para contribuir com as funcionalidades do *software*.

> *Backlog*: termo em inglês que, no jargão técnico de desenvolvimento de sistemas, representa a lista de solicitações, correções, melhorias e alterações pedidas para o sistema, normalmente (mas nem sempre) oriundas das experiências e necessidades dos usuários.

PESSOAS

Dentro da perspectiva empreendedora, o objetivo de uma empresa é oferecer produtos e/ou serviços, comercializá-los e entregar a solução esperada no preço combinado. Isso é o que se convencionou chamar de atividade-fim, a entrega final. É a razão de existir de uma empresa e costuma ser, inclusive, descrita em sua razão social.

Para chegar a essa "razão de ser", as entregas dos serviços e/ou produtos precisam ser executadas, gerenciadas e operacionalizadas por pessoas.

Mas quem cuida dessas pessoas?

A EXPERIÊNCIA DE HAWTHORNE

No fim da década de 1920, um interessante estudo foi realizado em uma fábrica de equipamentos para telefonia nos Estados Unidos. A experiência foi conduzida principalmente por Elton Mayo e citada no livro *Teoria Geral da Administração*, de Idalberto Chiavenato.

Intitulado de "Experiência de Hawthorne", em homenagem ao nome da fábrica onde foi realizado, o experimento foi composto por quatro etapas, que tinham como objetivo relacionar produtividade e condições de trabalho.

Cada etapa consistia em dividir as operárias em dois grupos, testar uma variável relacionada ao seu trabalho e, por fim, mensurar a resposta obtida em cada grupo. As variáveis envolveram os seguintes fatores: 1) a diminuição e o aumento da iluminação no ambiente de trabalho; 2) a presença de um supervisor; 3) a participação ativa das operárias na organização; 4) a influência do rendimento das operárias em seu salário. Em linhas gerais, os resultados observados indicaram que a produtividade variava de forma proporcional às mudanças aplicadas nas condições de trabalho.

O estudo de Hawthorne é longo e não iremos explorar aqui os detalhes de sua execução, mas esse foi, de fato, um dos primeiros movimentos claros para a mudança de percepção das relações humanas entre empregador e empregado.

A conclusão importante que trazemos para o contexto deste livro, um século depois do experimento, é que a presença ativa da gestão, estabelecendo uma relação atenciosa junto à sua equipe, impacta diretamente na qualidade dos resultados. Observar o ambiente de trabalho e selecionar variáveis para melhoria são formas de a organização dizer "eu me importo com você, reconheço seu potencial e tenho expectativas sobre o resultado que podemos alcançar juntos".

A GESTÃO DE PESSOAS E O MERCADO IMOBILIÁRIO

Entre as pessoas envolvidas nas engrenagens do mercado imobiliário, temos funcionários, colaboradores, corretores parceiros. Todos esses personagens são também chamados de "clientes internos". Alguns trabalham na linha de frente (atividade-fim); outros, dando suporte a esse time (atividade-meio).

Dentre os departamentos que compõem a atividade-meio, temos o RH – Recursos Humanos, em uma terminologia clássica. Numa abordagem mais moderna, passou a ser chamado de DP (Departamento Pessoal), e mais atualmente de GP ou GT (Gestão de Pessoas ou Gestão de Talentos): todos eles, independentemente da nomenclatura, cuidam – ou deveriam cuidar – de pessoas.

As mudanças de terminologia trazem também avanços em um contexto mais amplo, em especial no que se refere aos cuidados, às relações e ao aperfeiçoamento do capital humano. Se antes esse setor

> A própria evolução da terminologia "Departamento Pessoal" para "Gestão de Pessoas" evidencia, de certa maneira, como o elemento humano foi encarado de diferentes maneiras ao longo do tempo.

olhava mais para os direitos trabalhistas e para as funções de cada trabalhador, hoje busca ampliar a eficiência e a produtividade das equipes, motivando situações de reconhecimento, valorização profissional, qualificação e compartilhamento de saberes. Com o passar dos anos, o foco passou de "tarefas" para "pessoas".

Para **Lourdes Scalabrin**, consultora organizacional e então presidente da rede Netimóveis de Salvador (BA), a era da informação fez surgir departamentos de recursos humanos com funções mais especializadas e com o olhar mais humano para as pessoas – as empresas foram estruturando o que a consultora chama de "universidades corporativas", tornando esse departamento uma área de importante atuação na gestão empresarial.

"Esses departamentos passaram a ter funções como recrutamento e seleção, treinamento, programas de sucessão de carreira, avaliação de desempenho, governança corporativa, processos de *trainee*, enfim, organizando as empresas até estabelecer internamente uma universidade corporativa. E o objetivo principal era o alinhamento de serviços prestados ao

Lourdes Scalabrin
Tem mais de 25 anos de experiência em empresas de consultoria e serviços de Recursos Humanos, sendo 15 anos em gestão estratégica e operacional. Dedica-se a projetos voltados ao desenvolvimento de negócios do mercado imobiliário de Salvador (BA), nas áreas de pesquisas de mercado, atração e retenção de profissionais, controles de qualidade e atendimento humanizado.

cliente, interno e externo, pois o cliente interno passou a ter uma importância muito grande. Diante disso tudo, esse departamento se tornou uma área vital, que se senta à mesa das grandes decisões, dos grandes projetos, tudo o que envolve pessoas", contou Lourdes.

Na perspectiva da consultora organizacional, com o tempo as empresas passaram a ter uma grande preocupação com a educação continuada, treinamentos, desenvolvimento, e vêm notando cada vez mais a importância de "tirar a missão e a visão do papel", de modo que colaboradores e instituição estejam alinhados. Na área de contratação, ela também considerou que houve uma grande mudança: as empresas pararam de se preocupar só com as competências técnicas e comportamentais. Elas começaram a se preocupar com o *fit* cultural, o alinhamento que um colaborador tem, além das *soft skills,* com os valores da cultura e com a missão da empresa.

"Fazendo uma analogia aqui, é quase como se fosse um desses aplicativos de namoro. Tem que dar *match*, tem que estar alinhado ao que realmente possa dar certo, pois não adianta você contratar um superprofissional se ele tem alguns valores e princípios diferentes do que a empresa pratica", destacou Lourdes.

Toda essa abordagem com o capital humano também se aplica ao mercado imobiliário que, assim como os demais setores da economia, precisa se adaptar às mudanças que vão surgindo, independentemente de as imobiliárias serem de pequeno, médio ou grande porte. Ao se tratar de gestão de pessoas, porém, o maior desafio, segundo Lourdes Scalabrin, é a retenção dos bons profissionais.

Para atrair pessoas qualificadas e retê-las em sua imobiliária, é de fundamental importância dar atenção aos fatores de desenvolvimento humano e profissional das diferentes equipes que formam uma empresa, uma vez que é preciso ser criativo e adotar estratégias que mantenham o profissional motivado.

"Um programa de educação continuada, por exemplo, pode ser adotado o ano todo. Investir na aquisição de novas competências da equipe é sempre um bom negócio e os resultados comprovam isso. Funcionários satisfeitos, além de trazer uma melhora para o atendimento, poderão pensar por eles mesmos, pensar em sugestões criativas, compartilhar mais da gestão do negócio", explicou Lourdes, com base em sua experiência com o mercado imobiliário.

Além da educação continuada, o programa de desenvolvimento de pessoas da empresa pode investir nas remunerações por objetivos e avaliações de desempenho, como maneira de incentivo e motivação. "Não se trata só de salários e comissões. Quando falo em remuneração por objetivo, falo em bônus, prêmios que podem ser dados não só para a equipe que atua na linha de frente, mas para todas as áreas da empresa. E as avaliações de desempenho podem vir como forma de premiação também, mas sempre atreladas a um programa de desenvolvimento", enfatizou Scalabrin.

Ainda nesse contexto de formação e retenção dos bons profissionais, a imobiliária precisa cuidar do clima organizacional. Pessoas mais produtivas são aquelas que estão felizes no trabalho, que têm prazer em trabalhar e que não veem o trabalho só como uma obrigação. E o papel do gestor nesse aspecto é promover o bem-estar e as boas relações nas equipes, tendo cuidado, por exemplo, com as competições internas, desentendimentos entre colegas, críticas individuais feitas publicamente, entre outras situações que podem prejudicar o clima da empresa.

A GESTÃO DE PESSOAS SEGUNDO CHIAVENATO

Idalberto Chiavenato, estudioso da administração empresarial e autor de várias publicações sobre o tema – como o que citamos anteriormente, Teoria Geral da Administração –, oferece uma perspectiva de como se dividiria o papel do profissional de GP e sua atuação em seu livro *Gestão de Pessoas,* aproveitado aqui para nossa discussão:

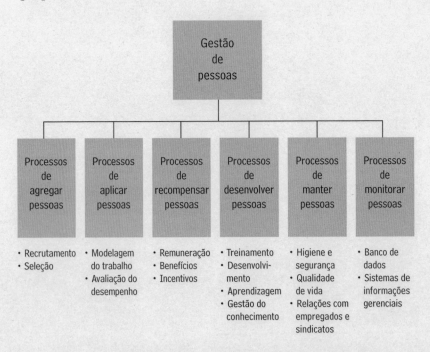

A natureza do mercado imobiliário

Para o autor, a gestão de pessoas deve estar centrada em seis processos, dirigidos a agregar, aplicar, recompensar, desenvolver, manter e monitorar pessoas. A seguir, conceituaremos brevemente cada um deles.

O primeiro processo enumerado por Chiavenato é direcionado a agregar pessoas, ou seja, trata-se das etapas de recrutamento e seleção de novos colaboradores. Nessas fases, ocorrem os primeiros contatos com os candidatos e, além da qualificação para a vaga e da avaliação do perfil, é o momento para observar se o interessado tem propensão para engajar-se com a cultura da empresa.

O próximo processo é voltado para a etapa chamada de aplicar pessoas. Aqui, entram aspectos como modelagem do trabalho e avaliação de desempenho. O intuito, de acordo com o escritor, é posicionar os colaboradores de maneira mais efetiva nos quadros internos, a fim de que conquistem os melhores resultados. Para isso, o gestor de pessoas e seu time deverão definir o desenho organizacional, a fim de analisar, orientar e acompanhar a evolução dos colaboradores.

Em seguida, vêm os processos de recompensar pessoas, em que estão listados remuneração, benefícios e incentivos. O autor chama a atenção para a necessidade de implantação de programas nessa esfera, voltados a motivar e incentivar a equipe a permanecer na organização por longo prazo.

Processos para desenvolver pessoas são o próximo tópico listado e consistem em ações como treinamento, desenvolvimento, aprendizagem e gestão do conhecimento. Nessa etapa, o foco é capacitar, qualificar e aperfeiçoar o desenvolvimento pessoal e profissional dos integrantes de cada time.

O processo seguinte está ligado a ações voltadas a manter pessoas, o que inclui aspectos relacionados à higiene e à segurança do ambiente de trabalho, às relações com empregados e sindicatos, à qualidade de vida dos colaboradores – hoje, um requisito essencial para boa parte dos trabalhadores.

E, por fim, entram em cena os processos para monitorar pessoas, que são compostos pelos bancos de dados e os sistemas de informações gerenciais. Com esses seis processos, Chiavenato aborda de maneira integrada ações que visam o planejamento, a organização, o controle e a direção para uma gestão de pessoas eficiente. É importante ressaltar que os processos são interligados, ou seja, influenciam uns aos outros. Assim, todos eles demandam atenção do gestor de pessoas.

É relevante, também, salientar que a Gestão de Pessoas difere da Gestão de Recursos Humanos, na visão desse autor. Isso porque o segundo tem como foco a parte burocrática da composição humana da empresa, sejam os trâmites de contratação, recrutamento, entre outros. Já a Gestão de Pessoas lida com o cuidado e o desenvolvimento do principal ativo da companhia: o capital intelectual, presente em seus colaboradores, sócios, parceiros ou prestadores de serviço.

A natureza do mercado imobiliário

Independentemente do regime de contratação, seja a CLT (tradicional e comum em diversos setores), seja a prestação de serviços profissionais via MEI ou outras formas de contratação,

> Para quem é do ramo, fica nítido: solicitar que todos os corretores interrompam o que estão fazendo (ou o que iam fazer) para participar de uma reunião de planejamento, por exemplo, é algo que tem que ser negociado.

devemos considerar o uso das melhores práticas de Gestão de Pessoas. Mas, talvez, possamos utilizar diferentes instrumentos para cada modalidade.

No mercado imobiliário, os colaboradores da administração em geral têm uma relação de subordinação maior às iniciativas da empresa, afinal, a construção social de uma contratação CLT implica em um sentimento grande de hierarquia estrutural dentro da companhia. Sentimento, esse, que não é tão presente na prestação de serviços via contrato, como costuma ser o caso da corretagem.

Por outro lado, é claro que a ausência desse sentimento intrínseco de pertencimento não precisa implicar em uma atuação desordenada; um trabalho colaborativo é completamente possível. O ponto-chave da obra de Chiavenato é exatamente este: a colaboração entre as partes para atingir o objetivo da organização.

DESCENTRALIZAR PARA OTIMIZAR

Por se tratar de um mercado pulverizado, como já discutimos nos tópicos iniciais deste livro, as empresas imobiliárias costumam ser pequenas, com menos de uma dezena de colaboradores. Mesmo as que se destacam não chegam a ser grandes empresas, passam longe de ter as centenas de funcionários que vemos em outros mercados. Além disso, boa parte da força de trabalho – os corretores de imóveis – tem uma relação de parceria com as empresas, permanecendo no campo da informalidade.

Todos esses fatores, desde a presença de profissionais em regimes de trabalho bem diferentes até a alta pulverização das empresas, limitam a possibilidade de estabelecer programas robustos que sejam próprios para funcionários de imobiliárias, a exemplo de planos de carreira específicos – falaremos melhor desse ponto mais adiante.

Isso não quer dizer que seja negativo ou apático trabalhar nesse ramo. Atuar no mercado imobiliário tem um encanto particular, porque é um mercado realizador de sonhos (clichê, mas real). Ao mesmo tempo – e talvez na mesma medida –, algo que precisa ser seriamente considerado na gestão das equipes é a forte carga emocional envolvida no trabalho.

Os profissionais que atuam na intermediação de produtos imobiliários precisam estar sempre à frente das negociações, antecipando cenários para oferecer a melhor solução ao cliente, no menor espaço de tempo. Isso é extremamente desafiador e mexe com o emocional desses profissionais. Conforme vão ganhando experiência, eles passam a abraçar os problemas que exigem um grau resolutivo mais complexo e, por isso, tendem a centralizar muitas demandas sem perceber.

Esse comportamento pode ser observado, com frequência, em grandes empresários do mercado: em vez de focar a sua atuação nos processos de liderança, eles costumam acumular demandas diversas. Acabam ligados ao hábito de atribuir a eles mesmos várias responsabilidades que poderiam ser delegadas aos colaboradores.

Para eliminar esse "círculo vicioso" que comumente se instala nas empresas e diminuir a sobrecarga que por vezes recai em alguns membros da equipe, é importante confiar na eficiência da departamentalização.

Hugo Leão, sócio e gestor da Thais Imobiliária (Brasília-DF), relembrou, em entrevista para este livro, o quanto a aplicação desse conceito demandou esforço dos fundadores da empresa, o pai e o tio de Hugo.

Após seu ingresso na empresa, que é de origem familiar, uma das iniciativas de Hugo foi potencializar aptidões por meio da departamentalização, sem prejudicar a boa experiência do cliente. Ainda assim, conseguir uma taxa de 100% de satisfação era difícil, o que incomodava seus sócios-fundadores. "Departamentalizamos bastante, mas notamos que o cliente não quer falar com muitas pessoas. Percebemos que foi bom, muito proveitoso, mas ao mesmo tempo vimos que a empresa não podia perder a referência que os clientes buscam", comentou.

Hugo também mencionou que o maior desafio da Thais nesse sentido é "casar a departamentalização com a pessoalidade do atendimento". "Temos que ter sempre alguém para falar pela empresa, alguém em quem o cliente confie, que gere uma comunicação com esse cliente. É isso que temos buscado ao longo desses anos. Ter uma pessoa exclusiva para falar com o cliente, que entenda tudo sobre ele, que conheça a família dele", afirmou.

Esse é um ponto importante de análise quando falamos sobre pessoas. Todo o processo imobiliário é feito por elas, sejam clientes, gestores, colaboradores ou parceiros. No caso da Thais Imobiliária, a departamentalização foi positiva aos colaboradores, diminuindo o acúmulo de funções e possibilitando objetivos mais claros, mas também causou ruído em relação aos clientes, que resistiram a aceitar os novos processos e etapas. Por isso, o cenário precisou ser trabalhado e otimizado.

Inconsistências e falhas podem acontecer, mas fazem parte do processo de otimização e melhorias. "Depois que desenvolvemos essa mentalidade mais profissional, de aceitar falhas, aceitar problemas e ter um olhar menos pessoal, conseguimos tirar o peso da gestão, tocando a empresa com mais profissionalismo", finalizou Hugo.

Esse profissionalismo, aliado a uma postura de olhar para dentro, permitiu dois marcos importantes para a empresa: possibilidade de expansão e qualificação do seu time interno de corretores.

"Com o tempo, eu fui me identificando mais com a área comercial e fui alavancando as áreas de venda e locação. (...) A gente começou expandindo filiais. Até o Claudino participou da unidade de Águas Claras, que foi a nossa primeira filial", mencionou.

Aqui, abrimos um parêntese para abordar dois conceitos muito importantes, que, quando bem aplicados na prática, a exemplo da Thais Imobiliária, permitem qualidade e, consequentemente, expansão do negócio: especialização e escalabilidade.

A especialização parte do seguinte princípio: se uma tarefa/serviço pode ser fragmentada, cada pessoa que assumir uma etapa fará o melhor por ela. Um exemplo prático é o processo de construção de um móvel de madeira, como uma cadeira – você se sairá melhor se tiver uma pessoa especializada em derrubar e cortar uma árvore, uma pessoa para pensar no design e outra que execute esse design.

Já a escalabilidade, como já explanado neste livro, é a característica do sistema que permitirá, pelo menor custo possível, produzir um determinado item em grande quantidade ou oferecer um serviço que atenderá muitas pessoas.

No que estamos tratando neste tópico do livro, a ideia de unir tecnologia e processos trará para a sua empresa a especialidade que irá gerar escalabilidade.

Já ao falar sobre o time, Hugo ressalta a importância, para ele, de que a postura dos gestores não seja centralizadora, do tipo que "puxa" os holofotes. "Nosso perfil é de olhar para dentro da empresa, a gente se expõe muito pouco. Dessa forma, acabamos liberando espaço para que os próprios corretores e funcionários possam produzir. Eles, os nossos corretores, são basicamente os nossos clientes. Nós ajudamos esses corretores a se promoverem", comentou.

A natureza do mercado imobiliário

A EQUIPE DE ALUGUEL E
O BALCÃO DE COMPANHIA AÉREA

Especificamente para quem atua em administração de aluguel, por ser a moradia algo tão sensível e importante para o cliente, qualquer frustração tem o potencial de gerar um estresse significativo. E não falamos aqui apenas daquele cliente que não conseguiu comprar ou alugar o imóvel de seu interesse.

Falamos também de exemplos como o de uma família que se mudou recentemente e se depara com um mofo, que causa uma crise alérgica no bebê. Esse tipo de situação traz um nível de estresse elevado, afinal, é um problema real e, ao mesmo tempo, de difícil resolução: não se pode simplesmente mudar de casa, uma vez que há um contrato a cumprir; não se pode apenas mandar fazer o reparo de imediato, porque existem interesses e necessidades a considerar, do ponto de vista do proprietário. Essa mediação não é uma tarefa fácil nem simples.

A atenção à equipe de colaboradores da locação envolve dois pontos: o preparo e o amparo. Ao preparar os seus colaboradores, o gestor pode antecipar algumas situações comuns e possíveis, propondo formas de lidar com tais questões e com os clientes. O amparo envolve o monitoramento do bem-estar do funcionário ao longo da jornada. Perguntar "como você está?", promover uma escuta ativa, trazer profissionais de Psicologia para conversar com a equipe com alguma frequência, proporcionar momentos de descontração ou formas de compensação em descanso, folgas. Na verdade, essas estratégias nem deveriam ser algo direcionado apenas aos colaboradores do mercado imobiliário, mas é fato que quem trabalha diretamente com administração de locação recebe uma carga constante de estresse e é importante que haja esse acompanhamento.

Atuar no mercado imobiliário envolve lidar com situações sensíveis, muitas vezes ligadas à intimidade de um cliente e de sua família. Para exemplificar o nível de estresse agregado, trazemos uma comparação que é muito conhecida no mercado: só existe uma profissão mais difícil do que trabalhar com aluguel de imóveis – ser atendente de balcão de companhia aérea.

Atendentes de companhias aéreas recebem reclamações tão intensas quanto as recebidas pelas imobiliárias. Basta observar os percalços que ocorrem com os passageiros nos aeroportos: os atendentes precisam saber lidar com as emoções de um cliente que, por causa do atraso de um voo, teve uma reunião de trabalho comprometida ou não chegará a tempo de participar do velório de um ente querido, por exemplo.

Esses cenários exigem do profissional empatia, atenção, capacidade de resolução, agilidade e, sobretudo, resiliência – afinal, o próximo cliente a ser atendido nada tem a ver com o estresse gerado pelo anterior. Essa demanda por habilidades diversas pode trazer consequências significativas ao bem-estar físico e emocional dos atendentes. Depois de lidar com tantos problemas íntimos e tão particulares de pessoas diferentes, como esse profissional conseguirá manter-se bem para voltar ao trabalho no outro dia, sabendo que poderá passar por tudo isso novamente?

Ao pensar em tantas situações desafiadoras pelas quais esses funcionários passam, que de tão intensas chegam a tomar proporções que ultrapassam os limites da empresa, nós podemos imaginar o quão estressante é administrar as dificuldades das pessoas em outro tema tão sensível: a sua moradia. Por isso, é tão importante dedicar cuidado e atenção às demandas emocionais das pessoas que atuam com atendimento nas imobiliárias.

DIVIDINDO OS GANHOS

Ao observarmos a realidade das imobiliárias, para além da discussão teórica sobre Gestão de Pessoas, um aspecto que traz certo incômodo é a dificuldade natural de estabelecer planos de carreira para os profissionais dessas empresas. De fato, trata-se de um mercado composto por empresas muito horizontais, em que o colaborador tem poucas opções de ascensão. Normalmente, o trabalho é dividido em algumas especialidades e há pouca verticalização.

Na nossa experiência de consultoria em imobiliárias, observamos que existem contextos em que não há viabilidade de ascender a posições como gerente/diretor/vice-presidente, devido a especificidades da estrutura organizacional da empresa. Nessas situações, a nossa proposta para o profissional que exerce funções em uma imobiliária é que ele possa, no decorrer da sua própria carreira e ao lado de outros colegas com funções similares, ter uma colocação ou condição que reconheça alguns méritos, interfira na remuneração e no papel dentro do grupo mesmo sem sair da função – com critérios objetivos, principalmente.

Essa lógica pode ser aplicada em diversos âmbitos funcionais da empresa, desde o responsável por contratos, controle de

A natureza do mercado imobiliário

encargos ou gerente de relacionamento. É possível instituir gradação para as tarefas, por meio de políticas de gestão e performance nos níveis estratégico, tático e operacional.

Assim, de acordo com a realidade da imobiliária e por meio de critérios claros estabelecidos, um gestor de relacionamento – ou *Customer Success* – pode, por exemplo, percorrer um trajeto como profissional júnior, pleno e sênior, até chegar a gerente de setor. Entre os critérios, podem estar o tempo de casa e o desempenho avaliado por NPS (*Net Promoter Score*), métrica criada por Fred Reichheld para medir a satisfação dos clientes.

Em outras palavras, o colaborador que tem uma soma de fatores (tempo de empresa, boa avaliação, ótima performance baseada em metas, entre outros critérios) não necessariamente precisa mudar de atividade para ter o seu mérito reconhecido. Ele pode permanecer na função, mas com uma "patente" diferente, um status que mostre que ele tem um trabalho de excelência e uma condição de remuneração melhor. Mais do que o reconhecimento por si só, esse movimento traz motivação e satisfação pessoal, afinal, todos temos uma vaidade profissional que também precisa ser atendida.

> Até mesmo os fornecedores da empresa podem ter uma política de relacionamento baseada em premiações, por meio de campanhas, critérios objetivos e performance. Podem ser recompensados com concessões ou incluídos em uma lista prioritária de prestadores de serviço.

E OS CORRETORES?

Ao discutirmos as ferramentas e estratégias de Gestão de Pessoas no contexto das imobiliárias, é fácil, à primeira vista, pensar como "alvo" da GP apenas aqueles trabalhadores celetistas, como o financeiro, a recepção, o *office-boy*, tirando da conta os corretores de imóveis. Mas fato é que o corretor é um relevante ativo dentre o capital intelectual, ele é o motor central de toda essa engenharia.

Existem quatro principais lições na GP segundo Chiavenato que podem ser aplicadas à realidade do corretor. São elas:

1. Permitir que os colaboradores vejam um canal seguro entre sua atividade e seus principais sonhos e objetivos;

2. Construir um ambiente que emane segurança, conforto e igualdade, investindo em políticas sociais e de gênero;

3. Tornar-se, de fato, uma segunda casa, proporcionando um ambiente que gere conforto e qualidade de vida;

4. Motivar e integrar seus colaboradores, desenvolver uma sensação de grupo e de pertencimento.

De forma paralela, quando pensamos nas possibilidades de ascensão do corretor, é comum surgir a questão: se não há vínculo empregatício, como traçar um caminho para o crescimento desse profissional na imobiliária?

Podemos tratar a ascensão do corretor de maneira semelhante à dos demais colaboradores. Identificar os corretores que priorizam a empresa, que alimentam os sistemas da imobiliária com informações sobre seus clientes, captam uma quantidade significativa de imóveis, frequentam treinamentos e, por consequência, têm um desempenho superior: esses corretores devem ter uma remuneração diferenciada.

Todavia, ao pensarmos no desenvolvimento prático dessas recomendações, encontramos um desafio: o perfil empreendedor dos corretores. Eles devem ser vistos de maneira diferenciada dos demais colaboradores, uma vez que mantêm com a imobiliária uma relação negociada. Entenda melhor esse raciocínio no capítulo a seguir, que dedicamos exclusivamente ao corretor de imóveis.

O CORRETOR
DE IMÓVEIS

O QUE É UM CORRETOR?

De maneira geral, o corretor é um profissional de vendas. É aquele agente que faz a intermediação de um serviço ou de um valor. Há vários tipos de corretagem; podemos encontrar o corretor de seguros, de ações, de títulos. Normalmente, ele informa os clientes a respeito das opções disponíveis, intermedeia o relacionamento com a empresa prestadora do serviço e concede assistência. E há, também, o corretor de imóveis, que vamos destacar neste capítulo.

O corretor de imóveis é o profissional que atua no mercado imobiliário com a finalidade de intermediar as transações referentes a um imóvel, como compra e venda. Em comum com os demais corretores, há dois pontos. O primeiro deles é que esse profissional vive essencialmente de comissão ou tem na comissão sua principal fonte de renda. O segundo ponto é que, para atuar no mercado, é necessário estar habilitado pelo órgão que regulamenta a atividade.

O corretor de seguros, por exemplo, precisa estar registrado na Superintendência de Seguros Privados (Susep), por meio

A natureza do mercado imobiliário

do Sistema de Registro de Corretores de Seguros, para exercer a função. Da mesma forma, para atuar como corretor financeiro é preciso estar registrado na Comissão de Valores Mobiliários (CVM) – o que exige aprovação no exame da Associação Nacional das Corretoras e Distribuidoras de Títulos e Valores Mobiliários, Câmbio e Mercadorias (Ancord).

Com o corretor de imóveis, não é diferente. Para atuar no mercado imobiliário, ele precisa estar inscrito no Conselho Regional de Corretores de Imóveis (Creci), que, por sua vez, é vinculado ao Conselho Federal de Corretores de Imóveis (Cofeci). Os dois órgãos compõem o sistema fiscalizador e regulatório da profissão de corretores de imóveis.

Para obter a inscrição no Creci, é necessário passar pela qualificação. Para isso, o candidato deve fazer o curso Técnico de Transações Imobiliárias (TTI), que pode ser feito de maneira online ou presencial. Ou, ainda, cursar Ciências Imobiliárias ou Gestão de Negócios Imobiliários, em nível superior, ofertados em instituições de ensino credenciadas e autorizadas pelo Conselho Estadual de Educação, Diretoria de Ensino ou Ministério da Educação.

Depois de concluir um dos cursos, o futuro corretor deve entregar a documentação necessária ao Creci da região em que pretende atuar e aguardar o registro. Neste ponto, queremos convidar você, leitor, a refletir conosco sobre questões relativas ao que chamamos de baixa barreira de entrada no mercado para os corretores de imóveis.

Consideramos que, muitas vezes, a formação e as provas para que o profissional obtenha o Creci e comece a atuar como corretor de imóveis não possuem o rigor que deveriam ter. Eu próprio, autor deste livro, cursei a formação exigida para corretores de imóveis e, durante o processo, pude constatar essa lacuna. Na minha percepção, há uma facilidade de acesso que acaba colaborando para o amadorismo, para a falta de profissionais qualificados e, consequentemente, para a baixa remuneração.

Nesse contexto, entendemos que o corretor de imóveis não tem uma imagem tão positiva quanto poderia ter perante o mercado. Por isso, chamamos a atenção para a necessidade de que a etapa de habilitação do corretor seja repensada no Brasil.

Acreditamos que o corretor de imóveis é um profissional de grande importância e, diferentemente de outras funções, profissões ou serviços, a área em que esse agente atua não ficará obsoleta. Afinal, qual o substituto tecnológico de morar? Estamos falando de um mercado que é essencial e que movimenta muitos recursos financeiros e investimentos. Mas que, por outro lado, é consideravelmente fácil de ingressar, em termos profissionais.

Quanto tempo leva para se formar um médico, um advogado, um jornalista? Qual o nível de conhecimento exigido de um corretor de seguros ou de ações? E por que com o corretor de imóveis pode haver facilidade?

Essa flexibilidade para ingresso na carreira acarreta um número excessivo de profissionais e faz com que a maioria das imobiliárias integrem corretores às suas equipes sem um crivo rigoroso de qualidade.

> Em outubro de 2022, dados do Cofeci apontaram em torno de 63 mil imobiliárias e 491 mil corretores ativos no Brasil.

Chamamos a atenção para o âmbito da formação e da capacitação porque entendemos a profissão de corretor de imóveis como multidisciplinar. Ele precisa saber língua portuguesa, matemática financeira, direito imobiliário, direito registral e notarial, avaliação mercadológica, arquitetura, marketing e atendimento, entre outras áreas.

Em entrevista exclusiva para a produção deste livro, **João Teodoro da Silva**, presidente do Cofeci por mais de 20 anos, antes de abordar a questão da formação, analisou o papel do corretor de imóveis de promover negócios e, também, chamou a atenção para um fator muito importante e que merece destaque: o corretor é um profissional que contribui com a viabilização da indústria da construção civil. "A cadeia produtiva da construção civil é um dos principais segmentos da nossa economia. E isso acontece por causa do trabalho dos corretores de imóveis que, na ponta do

João Teodoro

Corretor de Imóveis desde 1972, João Teodoro da Silva é formado em Gestão de Negócios Imobiliários, com MBA em Gestão Empresarial pela FGV, além de ser advogado civil e trabalhista. Fundador e diretor das empresas Teodoro Imóveis Ltda e da Brooklin Construções e Empreendimentos Ltda, já atuou como presidente do Sindimóveis/PR e do Conselho Regional de Corretores de Imóveis (CRECI/PR). Atualmente, é presidente do Conselho Federal de Corretores de Imóveis (COFECI).

segmento, promovem a intermediação de negócios imobiliários, que resultam na troca ou aquisição de propriedades. Assim, viabilizam a indústria da construção civil", ressaltou.

Silva relatou que, no Brasil, como em qualquer parte do mundo, os corretores de imóveis sempre existiram. "Todavia" – esclareceu o então presidente do Cofeci – "a regulamentação legal da profissão aconteceu em 27 de agosto de 1962, com a promulgação, pelo Congresso Nacional, da Lei nº 4.116. Essa lei, no entanto, acabou sendo considerada inconstitucional, porque continha falhas institucionais incontornáveis, como a não exigência de escolaridade. Acabou sendo revogada e substituída pela Lei nº 6.530, de 12 de maio de 1978. Essa, com todos os requisitos para sobreviver até os dias de hoje, embora com duas supervenientes modificações legislativas".

Frente a essa complexidade, o corretor de imóveis é o profissional que pode ganhar comissões de R$ 10 mil a R$ 1 milhão – como há exemplos Brasil afora. O mercado oferece excelentes oportunidades de ganhos. Contudo, para isso, o corretor deve ser extremamente qualificado. E o que vemos hoje é que os poucos profis-

> O Sistema Cofeci-Creci é composto pelo Conselho Federal e 26 Conselhos Regionais de Corretores de Imóveis em todo o país – um em cada estado da Federação e no Distrito Federal, exceto no estado do Amapá, onde ainda a profissão se opera sob a égide de uma delegacia controlada pelo Creci-PA (dados de dezembro de 2022). João Teodoro Silva ressaltou que o Sistema Cofeci-Creci, além da fiscalização profissional, preocupa-se com a formação, reciclagem e orientação daqueles que compõem a profissão.

A natureza do mercado imobiliário

sionais da área que percebem essa questão buscam se desenvolver por conta própria, por não haver opções de programas estruturados para sua capacitação.

Um dos caminhos para mudar a imagem negativa da corretagem imobiliária é colocar em prática a melhor qualificação. Deixar para trás a visão daquele profissional com baixa instrução, sem um ganho fixo e com pouca chance de sucesso.

AS FRENTES DE ATUAÇÃO DO CORRETOR

Durante as discussões deste livro, abordamos amplamente as especificidades dos empreendimentos, das empresas imobiliárias. Neste tópico, daremos foco ao corretor pessoa física, que pode trabalhar junto a uma empresa do ramo (por meio de uma imobiliária, uma franquia, uma parceria) ou de maneira autônoma, também conhecido como "corretor de rua".

O corretor que atua em conjunto com uma imobiliária geralmente visa potencializar o seu trabalho ou a sua prestação de serviço unindo-se a uma marca ou a uma empresa do setor; por outro lado, abre mão de parte de sua comissão, "em troca" do suporte prestado pela empresa parceira.

Entre as vantagens do corretor que tem esse tipo de atuação, estão as facilidades ligadas a etapas do processo de compra e venda de um imóvel: anúncio com fotos, texto e design profissionais, com publicação nos grandes por-

> Todo corretor deve possuir o Creci – assim como o dono de uma imobiliária. Vale mencionar que é necessário o registro junto ao Creci como pessoa física para habilitar o empresário do ramo a obter o registro de pessoa jurídica para a sua empresa.

tais imobiliários; suporte para questões administrativas e jurídicas, como a elaboração de uma minuta de contrato; espaço físico para atendimento ao cliente; entre outras. Já o "corretor de rua", que trabalha por conta própria, precisa assumir todas essas etapas de maneira autônoma.

Assim, o corretor de imóveis pode considerar essas duas possibilidades – atuação em parceria com a imobiliária ou como autônomo –, com base nas vantagens e nos objetivos que ele ambiciona para a própria carreira. Um cenário comum no mercado imobiliário é aquele corretor de rua ou parceiro que, ao percorrer uma trajetória de sucesso, acaba criando sua empresa e tornando-se dono de imobiliária.

André Silva, proprietário e gestor da Terruá Imobiliária Café, de Aracaju (SE), é um exemplo. Em depoimento exclusivo para este livro, ele contou que, em quase 14 anos de mercado, foram muitas dificuldades e desafios. "A gente entrou no mercado por meio de uma imobiliária de lançamentos, por acaso. E acredito que muitos dos corretores que estão no mercado hoje

André Silva
Gestor na Terruá Imobiliária Café. Em 14 anos de mercado imobiliário, já atuou em vários nichos. Hoje vive e atua nas regiões próximas às praias de Aracaju-SE.

entraram por acaso, ninguém programou, nem sonhou em ser corretor de imóveis", ressaltou.

De acordo com Silva, ele teve facilidade em entrar no mercado e atribuiu isso ao fato de trabalhar com lançamentos. "Você não precisa de tanto traquejo nas diligências documentais e nas tratativas de cartório, só faz um cadastro na construtora e parte para as vendas". O empresário lembra ainda que, na época, a cidade vivia um *boom* imobiliário e que ele se destacou como corretor pelo fato de ter uma boa relação com os moradores de Aracaju. "Iniciei com o pé direito, sendo campeão de vendas já no primeiro mês. A gente teve que vender confiança, então, como eu tinha um leque grande de relacionamento, tinha um círculo grande de confiança", enfatizou.

Em seguida, Silva começou a fazer investimentos, comprando apartamentos na planta e revendendo com ágio, três, quatro, cinco meses depois. Depois de passar um tempo como investidor, Silva ingressou em uma imobiliária com tradição na venda de imóveis avulsos.

Nessa oportunidade, ele aprendeu as etapas da profissão referentes a tratativas, documentação, partes cartorária e jurídica de contratos da venda de um imóvel avulso. "Essa imobiliária foi uma escola, não tinha muito treinamento, éramos jogados aos leões. Havia muitos corretores, precisávamos de vendas grandes. Isso ajudou a gente a ter uma relação maior com os corretores do mercado da nossa cidade e a aprender, no dia a dia, na prática", revelou.

A natureza do mercado imobiliário

O empresário conseguiu se destacar e, nesse momento, entendeu que era hora de partir para a carreira solo. "Senti necessidade de seguir como corretor de rua, sozinho", afirmou. E completou: "Foi bom financeiramente, porém, há uma grande dificuldade para o corretor que atua sozinho: você tem que ser muito disciplinado, fazendo diariamente o feijão com arroz, correndo atrás sem baixar a energia da venda".

Outra dificuldade do corretor de rua apontada por Silva é a confiança do cliente. "Ele até visita com você, faz o fechamento, mas quando chega às tratativas, se ele não vê que você tem uma base de apoio ou que você tem um ambiente que te dá uma sustentação jurídica, um lugar para ele voltar para cobrar caso o negócio dê errado, gera muita insegurança. E muitas das vezes, a venda até cai", frisou.

Em resumo, para ele, essas são as principais dificuldades do corretor de rua: manter a disciplina e a energia de venda e passar confiança ao cliente. "Porque você é seu próprio patrão, a sua própria empresa, o faz-tudo, então você tem que manter uma linha de trabalho muito desgastante", destacou.

Em seguida, André decidiu criar a própria imobiliária, mas um pouco diferente do padrão: imobiliária e cafeteria funcionando no mesmo espaço, em um bairro nobre e turístico da cidade. "Aí muda tudo. O corretor que abre uma imobiliária achando que vai continuar a ser um corretor de vendas, esqueça", advertiu. E acrescentou: "Você passa para a parte de gestão.

E quando a gente não vem dessa área, a gente é muito comercial. Eu senti uma dificuldade muito grande".

Ele contou que, com a ajuda da equipe – pequena, unida e com um elo de confiança muito forte –, foi evoluindo. "A imobiliária foi tomando nome, mas a gente ainda tem um longo caminho a percorrer", diz. E reforçou que abrir uma imobiliária é completamente diferente da corretagem. "Eu não faço vendas hoje, são meus corretores que fazem, a gente encaminha tudo para eles. Eu só atendo clientes muito antigos, muito próximos. O desafio agora é a gestão, estudar essa área e estar sempre se atualizando. Dar treinamento aos corretores, para estar com a equipe preparada, porque é deles que virá o resultado da empresa", considerou.

Silva mencionou algumas das principais dificuldades observadas por ele, como gestor: entender o mercado, buscar a estratégia ideal para a empresa, descobrir quais são os melhores parceiros e quais as áreas de atuação mais indicadas, além de definir qual nicho dá o maior retorno e se adapta melhor à sua equipe, a fim de seguir firme e obter resultados positivos. "Essa foi a transição que vivi, de corretor de lançamentos, investidor, corretor de avulsos na rua e corretor de imobiliária grande a alguém que hoje está vivendo novos desafios com a imobiliária própria", finalizou.

Diante de sua trajetória, André Silva é uma referência para a profissão. De nossa parte, acreditamos que a jornada dele traz

A natureza do mercado imobiliário

inspiração, pois todo corretor é um empreendedor. Seja o corretor de rua que atua sozinho, seja o que trabalha em parceria com uma imobiliária. Como tal, o corretor deve saber identificar oportunidades e transformá-las em bons negócios.

A NATUREZA DA COMISSÃO

Como já mencionamos na definição da atividade de corretagem, a remuneração do corretor está na comissão recebida em contrapartida ao serviço prestado. Alguns fatores são importantes para entender a natureza da comissão do corretor de imóveis.

No Brasil – país de dimensões continentais –, há diferentes práticas de comissionamento. Aspectos como a praça, o padrão do imóvel e o nicho de atuação da imobiliária interferem de maneira decisiva na política de comissionamento.

Para definir as melhores práticas de mercado e adotar aquelas recomendadas para a sua imobiliária, é necessário considerar os seus objetivos, a sua estrutura, o momento do mercado e da sua empresa. Além disso, esses pontos precisam ser revisados e realinhados frequentemente, uma vez que a política de comissionamento não deve ser um documento com aplicabilidade e caráter perpétuos.

Nossa orientação é dividir essa proposta nos níveis estratégico, tático e operacional. À medida que o plano for mais estratégico, envolverá decisões de maior complexidade, mas com frequência menor de revisão e alteração das práticas adotadas.

Nível estratégico

Com a experiência deste autor em diversas imersões em imobiliárias pelo Brasil, identificamos os principais pilares para uma política de comissionamento do corretor de imóveis. Listamos a seguir alguns exemplos de objetivos estratégicos:

- **Ênfase na captação:** comissão de maior valor para o captador de imóveis. Essa estratégia pode ser adotada tanto para um movimento inicial da empresa, visando ampliar o estoque, quanto para regiões em que há mais dificuldade para a captação de imóveis.
- **Ênfase na venda:** comissão de maior valor para o vendedor de imóveis. Essa estratégia pode ser adotada como regra, tendo em vista que a venda sempre é o objetivo da imobiliária.
- **Aprendizado ou qualidade:** reconhecimento para corretores por critérios técnicos, como qualidade de atendimento (NPS – *Net Promoter Score*: pesquisa para medir a satisfação de clientes) ou nível de organização do processo de venda (documentação, procedimentos etc.).

Além disso, recomendamos a observação das práticas da concorrência. Não para balizar ou limitar a atuação, mas para subsidiar ideias para definição da sua própria política de comissionamento ou até mesmo para ajustar os argumentos utilizados para justificar e apresentar o plano para a equipe de vendas.

Nível tático

Para essa parte, o plano deve propor um conjunto de medidas que definirá a política comercial e que irá influenciar nas comissões. Entre as medidas, estão:

- **Autorização de venda sem exclusividade:** estratégias baseadas na não exclusividade deverão enfatizar o esforço de vendas, com destaque para o marketing e o próprio comissionamento, visto que nesse modelo prevalece a máxima "ganha quem vender primeiro".

- **Autorização de venda com exclusividade:** estratégias baseadas na exclusividade deverão enfatizar o esforço no relacionamento com o cliente, uma vez que nesse modelo o principal aspecto é fidelizar o cliente para que ele não peça o distrato nesse formato.

- **Promoção do imóvel (*leads*):** trata-se do encaminhamento de *leads*, que pode compor as políticas comerciais, dando mais oportunidade de vendas a um corretor, de acordo com diferentes critérios, como prioridade ao captador ou prioridade por algum tipo de ranqueamento definido anteriormente.

Nível operacional

Nesse nível, a política de comissionamento deve considerar conceitos que terão aplicabilidade relevante para a equipe de vendas. No que se refere a reconhecimento, podemos destacar:

- **Valor financeiro:** há profissionais com fixo e variável e há o corretor autônomo, com variável apenas. Assim, bonificações, prêmios e reconhecimentos individuais por desempenho devem servir de motivação adicional para o engajamento da equipe.

- **Valor não-financeiro:** há diferentes signos que podem representar o reconhecimento ao mérito ou ao status alcançado por um corretor: *ranking*, cerimônia ou até um crachá com cor diferenciada.

- **Premiação:** pode ser direcionada a uma "captação *premium*", no caso de imóveis que podem ser vendidos rapidamente, ou a campanhas para atingimento de metas de curto prazo, como premiação com viagens, notebook ou celular para captação de apartamento de dois quartos.

- **Plano de meritocracia:** é o uso de mecânicas e dinâmicas para engajar pessoas, resolver problemas e melhorar o aprendizado, motivando ações, comportamentos e rotinas fundamentais para o fechamento de negócios.

Scorecard

Outra recomendação é a utilização de uma planilha de comissionamento. Para basear o documento, é necessário definir parâmetros ou qualificação da venda, que inclui variáveis que podem influenciar na porcentagem específica de cada transação. Confira a seguir um modelo de quadro com parâmetros a serem adotados.

Parâmetros	
Equipe da venda	Prontos
Classificação do corretor	Sênior
Tipo de captação	Captação padrão
Venda em parceria	Não

No campo "Equipe da venda", é considerado o perfil da equipe que fez a venda; já a classificação vale para definir a comissão de acordo com o nível do profissional e a planilha de comissionamento da empresa. O tipo de captação pode ou não repercutir no valor da comissão, assim como a venda em parceria, que pode auxiliar no rateio de vendas com parceiros externos, franquias ou unidades.

Também é necessário adotar parâmetros financeiros, que devem apontar os valores acordados de venda e de comissão.

Rosângela Castro, proprietária da imobiliária que leva seu nome, em Teresina (PI), destaca uma visão estratégica sobre comissionamento no mercado imobiliário. Para ela, o importante é fechar o negócio, a comissão é consequência. "A minha forma de trabalhar é a seguinte: eu não penso na comissão. Penso em fechar o negócio, a comissão é consequência. Não faço nem cálculo de comissão antes", comentou. "E eu ensino isso para o meu corretor, porque pensar nos números gera muita ansiedade. Quando a gente faz a conta antes: 'R$ 50 mil de comissão, vou viajar, vou para a Europa, dá para eu fazer tanta coisa com esse valor' – isso gera uma ansiedade muito grande. Se, de repente, o negócio não dá certo, a pessoa cai das nuvens. Então eu sempre trabalho pensando no cliente", completou.

Acreditamos que corretores individuais e imobiliárias que sabem lidar bem com essa dinâmica psicoemocional podem obter melhores resultados. O corretor pensa em não deixar o negócio escapar para não perder a comissão, o vendedor pensa no dinheiro que deseja receber e o comprador, por sua vez, quer o imóvel. Essa tríade, bem administrada, pode render um bom negócio para todos, inclusive para a imobiliária.

A IMOBILIÁRIA E O CORRETOR PARCEIRO

Do ponto de vista das imobiliárias, **Adriana Magalhães**, sócia-diretora da Céu-Lar Imóveis (Belo Horizonte-MG), em depoimento para a produção deste livro, definiu de maneira categórica a visão sobre os corretores de imóveis: "é uma relação de extrema confiança".

Ao partilhar um pouco da sua experiência, a empresária relatou que, em determinado momento, tentou substituir o termo "corretor de imóveis" por "consultor imobiliário". "Eu entendo que esse trabalho é de consultoria, e não só de aproximação entre as partes numa transação; e muito menos o que o termo 'corretor' sugere, que é corrigir algo, acertar alguma falha", explicou.

No entanto, a relação de confiança – mencionada por Adriana – foi fundamental para que ela voltasse a usar "corretor

Adriana Magalhães
Empresária, administradora, pós-graduada em Gestão de Negócios imobiliários pela FDC, com extensão em empreendedorismo em Cambridge. Conselheira da Netimóveis e do Secovi-MG. Diretora da ABMI.

A natureza do mercado imobiliário

de imóveis", tendo em vista a tradição que o termo carrega: "a gente tem que valorizar o que a cultura denomina. As denominações 'corretor de imóveis', 'corretor da família', 'corretor de confiança' são fortes", enfatizou.

Para a empresária, a imobiliária pode se estruturar pensando na atuação desse profissional. "A estrutura da imobiliária é voltada para o trabalho do corretor, apesar de eles serem profissionais autônomos – ou especialmente por serem autônomos", observou. "A gente os recebe aqui, numa parceria mesmo, para valorizar o que eles fazem e possibilitar que as coisas aconteçam por meio de uma boa organização, com todo o suporte", completou.

Adriana destacou que a imobiliária deve oferecer um espaço de excelência para o profissional receber os clientes que desejam comprar, vender ou alugar um imóvel e acrescentou que o corretor precisa de um espaço compatível com a sua dedicação, afinal, ele se especializou em muitas coisas ao mesmo tempo: precisa saber sobre vendas, comunicação, marketing, economia, administração, aspectos legais e tributários, urbanismo, arquitetura. "É um super-homem ou uma supermulher", frisou.

Entre as aptidões necessárias ao corretor de imóveis, a empresária ressaltou a importância da compreensão das relações humanas. Segundo ela, o corretor age, inicialmente, como um médico em uma consulta – ele faz uma anamnese para entender porque o cliente o procurou. "Ele irá descobrir qual é o desejo do cliente, qual é a dor, e aí a gente começa a fazer exames, ou seja, vamos avaliar o 'paciente': ver qual é a condição pagadora dele, qual é o tipo de imóvel que vai atendê-lo".

Por fim, além de todas as áreas de conhecimento que o corretor de imóveis deve dominar – já elencadas em tópicos anteriores –, Adriana destacou a ética exigida para o exercício da profissão e o caráter empreendedor da atividade: "o empreendedorismo tem que estar na veia, ele tem que ser 'você S/A', ele é uma empresa dentro da nossa organização".

A CASA DO CORRETOR DE IMÓVEIS

Houve um momento, anos atrás, em que a quantidade de corretores era importante para as imobiliárias, no caso de lançamentos. As imobiliárias ostentavam 300, 500, até 1.000 corretores como um predicado, algo que poderia chamar a atenção de uma construtora, fazendo com que aquela imobiliária fosse escolhida para representar seus produtos.

Já as imobiliárias voltadas ao atendimento de terceiros ou de imóveis prontos não precisavam ostentar tantos corretores; em geral, elas priorizavam oferecer o conforto de um ambiente ergonômico – aspecto que foi abordado na experiência de Hawthorne e que motiva qualquer profissional, independentemente da área.

Considerando outro recorte de tempo, mais recente, tivemos o momento histórico da pandemia de Covid-19, que levou à intensificação da digitalização dos processos nas imobiliárias e ao aumento exponencial do uso das ferramentas digitais. Nesse sentido, uma mudança significativa para os corretores foi a facilidade de acesso e o barateamento dos planos de celular, com destaque para o uso de aplicativos de mensagens, em especial o WhatsApp. Até então, pagar um celular funcional para o corretor era um benefício – e algumas vezes era "uma questão" para as imobiliárias. Depois dos avanços tecnológicos que se estabeleceram, a comunicação foi facilitada, as negociações passaram a ocorrer no ambiente digital e o corretor precisa cada vez menos estar fisicamente em uma imobiliária.

> Na perspectiva da imobiliária, entretanto, a presença ainda se mostra essencial. Dependendo da praça, há uma grande concorrência, e faz diferença ter a fachada em determinado bairro, mesmo que o cliente "passe lá" apenas uma única vez para deixar o imóvel. Por outro lado, é importante considerar que manter estruturas muito caras para que sejam pouco frequentadas pode ser um desperdício financeiro.

Outra tendência são os *players* do mercado imobiliário que concentram as atividades apenas no formato digital. Muitas vezes, o corretor se habilita no próprio aplicativo da rede e sai circulando pela cidade tendo aquela marca como referência para o seu trabalho.

Considerando que trabalhar diariamente no espaço físico da empresa já não é tão relevante quanto alguns anos atrás, podem ser aplicadas uma série de processos e dinâmicas para que o corretor não perca o sentimento de pertencimento, mesmo sem estar no ambiente da imobiliária com frequência.

A natureza do mercado imobiliário

SENSO DE PERTENCIMENTO

Existe um dilema frequente na relação do corretor com a imobiliária: se não há um vínculo trabalhista formal nem há a rotina de estar todos os dias no escritório, como o corretor poderá perceber a cultura da empresa, como se sentirá parte daquela marca?

A resposta está em tudo o que possa proporcionar um senso de pertencimento.

Uma forma de aproximar o corretor e a imobiliária é o compartilhamento de ferramentas de tecnologia, como sistemas de CRM (*Customer Relationship Management*) e grupos em aplicativos de mensagens instantâneas, como o WhatsApp. Por meio desses recursos, mesmo que os utilize com pouca frequência, o corretor poderá interagir com os colegas e demais funcionários e estar conectado com as atualizações e com a cultura da empresa.

Diferente do que acontece com os funcionários administrativos de uma imobiliária, que possuem um processo estruturado desde a contratação e desenvolvimento profissional, até em seu possível desligamento, os corretores têm características

211

muito peculiares, como já descrito neste livro, marcadas pela informalidade do seu relacionamento com a imobiliária e pela natureza do seu trabalho. Cada corretor é uma pequena empresa dentro da grande empresa.

E essa peculiaridade chama a atenção em outro aspecto: mesmo com a informalidade, os corretores tendem a estabelecer uma relação de confiança com as imobiliárias, costumam ter vínculo com os seus dirigentes, seus fundadores. É aí que surgem mais oportunidades para a empresa lançar mão de alguns rituais corporativos que poderão fortalecer a cultura da empresa, promovendo palestras, jantares, coquetéis, premiações, encontros diversos que abordem, sempre que possível, a perspectiva da capacitação profissional.

Um desafio nesse processo de aproximação entre liderança e corretores autônomos foi sentido por Admar Cruz, então diretor de vendas do QuintoAndar e sócio da Casa Mineira. Nos seus primeiros anos como corretor, aos 23 anos de idade, ele migrou para a etapa de fechamento, em que liderava um time de corretores e fechava seus próprios negócios.

Após a ascensão à liderança, Admar tomou uma decisão importante tanto na atuação na Casa Mineira quanto no QuintoAndar: tornar o corretor o protagonista. "(...) Então a gente colocou o corretor muito como protagonista, para ele poder fazer o que sabe fazer melhor. É lógico que ninguém é bom em tudo, então vamos potencializar o que ele sabe fazer de melhor, que

A natureza do mercado imobiliário

é atender, que é se relacionar, que é vender confiança e credibilidade antes de vender o imóvel. A gente começou a fazer os primeiros estudos e viu que em um terço do tempo do corretor ele ficava sentado esperando uma ligação, esperando um *lead*".

Essa sensação de improdutividade, junto à possibilidade de que a imobiliária não esteja provendo insumos suficientes, pode causar o temido distanciamento do corretor em relação às rotinas e à cultura da empresa. E qual seria a solução? Entender que a correlação entre imobiliária e corretor é feita de trocas e de companheirismo.

Foi com isso em mente que Admar Cruz tomou a iniciativa de garantir aos corretores o seu material de trabalho: os *leads*. "O corretor tem de estar na rua, o corretor tem de estar atendendo. O parceiro ganha mais, a imobiliária ganha mais. Para isso, a imobiliária tem de investir. Idealmente, o mercado sempre pensou assim: o único jeito de aumentar as vendas é aumentando a quantidade de corretores. Mas o maior segredo está dentro do próprio funil da imobiliária, que é aproveitar melhor os *leads* que já estão dentro. Ao proporcionar essa estrutura de apoio ao corretor, começamos a perceber que, nessa parceria, se a gente entregasse mais, todo mundo produziria mais.", finalizou.

Outra estratégia eficiente para agregar valor à atuação dos corretores são os treinamentos. Tais eventos são rituais que possibilitam ao corretor uma melhor convivência com a imobiliária, o que amplia o senso de pertencimento e abre espaço para que o profissional opte por trabalhar somente com aquela imobiliária.

Por outro lado, é importante ressaltar que os treinamentos, para gerarem bons resultados, precisam desenvolver algumas competências. Elegemos aqui quatro eixos que enxergamos como fundamentais para o desenvolvimento e apropriação da cultura empresarial por parte desses profissionais. Esses eixos irão ajudar você, leitor, empresário, a formular e estruturar seus próprios treinamentos:

1. Treinamento corporativo

Aborda tudo o que é típico de uma empresa, independentemente do ramo: código de ética, código de vestimenta, missão, visão, valores, sistema utilizado (e como é utilizado), expectativas sobre o trabalho de colaboradores e parceiros, entre outras informações. É um verdadeiro manual de tudo o que está ligado à mentalidade de uma organização em específico, seja por vocação da empresa ou decisão da gestão.

2. Treinamento técnico

Destaca assuntos relacionados à atividade-fim de uma empresa, no nosso caso, imobiliárias. Fazendo um paralelo: se um médico cirurgião precisa conhecer o funcionamento de um centro cirúrgico, um corretor precisa saber como

A natureza do mercado imobiliário

funciona uma avaliação de imóveis, processos cartoriais ou o que é DIMOB, enfim, tudo o que é típico do cotidiano do ramo. Esse tipo de treinamento deve ser incluído na rotina da imobiliária, para oferecer aos corretores parceiros e demais colaboradores um bom conhecimento técnico relacionado ao mercado. Quanto mais capacitados estiverem os corretores e funcionários administrativos, melhor será a entrega de valor ao cliente.

3. Treinamento comportamental

Desenvolve competências atitudinais e emocionais. Abrange temas como liderança, trabalho em equipe, resiliência, motivação, autogestão etc. Inclui a realização de dinâmicas, ambientações, atividades que ajudem a reduzir o estresse característico da profissão e que ampliem as reflexões em torno do comportamento e da psique.

4. Treinamento aplicado

Engloba conhecimentos que originalmente não são típicos do mercado imobiliário, mas podem ser aplicados com ótimo proveito. O marketing, por exemplo, que vem do conhecimento acadêmico e costuma ser amplamente direcionado a outros mercados, pode ser adaptado para aplicação nas especificidades do mercado imobiliário. Os treinamentos aplicados em língua portuguesa (redação), fotografia e até fenômenos contemporâneos, como performance em redes sociais, também são muito úteis para a atividade de corretagem.

Práticas como essas são parte do cotidiano de formação de equipes de Ivan Silva, da Casa Mineira. "Sempre fui muito preocupado com a formação das pessoas, principalmente das pessoas da nossa equipe. Acho que não basta falar de metas, de planos, planejamentos internos, sem primeiro tocar o coração dessas pessoas, encantá-las, fazê-las entender a importância de cada processo e de cada área (...). Sempre acreditei que todo talento pode ser desenvolvido. E sempre me dediquei muito a isso", comentou Ivan, que liderou centenas de corretores e implementou o desenvolvimento de uma cultura da marca.

Entretanto, é fato que o mercado imobiliário, no geral, ainda sofre com a reputação de ser um setor caracterizado pela má prestação de serviço. Esse aspecto negativo está muito ligado ao baixo investimento em educação, à profissionalização e à instrução dos colaboradores e corretores. Além disso, é comum o investimento errôneo em iniciativas que são de outros mercados e que não se aplicam às especificidades do ramo.

Entre o estudo de técnicas consagradas de gestão e desenvolvimento de pessoas e das peculiaridades do mercado, uma das nossas principais mensagens aos empreendedores do mercado imobiliário diz respeito à importância da competência profissional de seus colaboradores e corretores parceiros, para que se diferenciem no mercado pela entrega de valor aos clientes.

A partir de todas as reflexões que apresentamos neste livro sobre os corretores de imóveis, podemos afirmar que eles são essenciais para o mercado imobiliário. São profissionais que sonham em conjunto com seus clientes e trabalham em nome da realização – ainda que, muitas vezes, sem uma remuneração fixa, nem mesmo uma remuneração garantida. Neste ponto, frisamos que nossa proposta não é trazer um discurso romântico ou político em favor da categoria, mas reforçar a importância desse profissional para o sucesso do mercado.

Seja com as imobiliárias e construtoras, seja com os clientes que querem vender, comprar ou alugar seus imóveis, o corretor é a força motriz do mercado imobiliário.

EMPREENDEDORISMO E MERCADO IMOBILIÁRIO: SINÔNIMOS

O empreendedorismo e as transações imobiliárias possuem um atributo comum indissociável: a perspectiva de futuro. No processo de aquisição, locação ou qualquer outra operação, os imóveis são negociados vislumbrando uma necessidade presente, mas para vê-la solucionada no futuro. Costuma-se dizer, especialmente para imóveis residenciais, que os corretores vendem sonhos. Essa afirmação nasce do imaginário de um futuro melhor.

> Embora seja uma bela frase para definir a atuação do corretor, é preciso ter em mente que a atribuição da venda a um sonho fica apenas no campo do discurso – mesmo se considerarmos a casa própria a realização de um sonho. Como já discutimos anteriormente, os atores do mercado imobiliário vendem serviços de intermediação. Corretores só vendem imóveis se figurarem como proprietários.

O olhar para o futuro também permeia as atividades empreendedoras. Em regra, mentes que buscam empreender revestem-se de visões que normalmente não são perceptíveis para o olhar presente. É o que o senso comum denomina como "visão". O empreendedor assume uma solitária posição de enxergar para além do horizonte.

Qual é o paralelismo entre os dois (mercado imobiliário e empreendedorismo)? Atuar no mercado imobiliário significa,

A natureza do mercado imobiliário

essencialmente, empreender. Você não compra uma casa pensando no passado. Você não abre uma sala comercial pensando no passado. Você não aluga um imóvel olhando para o passado.

Todo ator do mercado imobiliário precisa ter um tino empreendedor, porque tudo está imerso numa perspectiva de futuro. Para explicar, por exemplo, por que essa casa será melhor que aquela outra, por que colocar a sua empresa naquela esquina pode ser melhor do que colocar na outra. O cliente possui uma demanda presente, mas com a perspectiva de resolvê-la depois – de imediato ou a longo prazo. Da mesma forma, você não inicia um empreendimento pensando só no momento presente. Empreender e morar estão intimamente ligados porque consistem em olhar além do agora: envolvem um projeto de futuro.

COLABORADORES

Daniele Rodrigues

Graduada em Letras - Português e pós-graduada em Psicopedagogia e Educação Inclusiva. Educadora, redatora, revisora de textos. Trabalha esmiuçando palavras há quase 15 anos; vivencia a produção textual para o mercado imobiliário desde 2020. Acredita no potencial da comunicação entre as pessoas.